Sergej Belsch

Mitarbeiterbindung

So sichern Sie Ihre wertvollste Ressource

igel Verlag
RWS

Belsch, Sergej: Mitarbeiterbindung: So sichern Sie Ihre wertvollste Ressource, Hamburg, Igel Verlag RWS 2015

Buch-ISBN: 978-3-95485-265-9
PDF-eBook-ISBN: 978-3-95485-765-4
Druck/Herstellung: Igel Verlag RWS, Hamburg, 2015

Bibliografische Information der Deutschen Nationalbibliothek:
Die Deutsche Nationalbibliothek verzeichnet diese Publikation in der Deutschen Nationalbibliografie; detaillierte bibliografische Daten sind im Internet über http://dnb.d-nb.de abrufbar.

Hermannstal 119k, 22119 Hamburg
http://www.diplomica.de, Hamburg 2015
Printed in Germany

Inhaltsverzeichnis

Abbildungsverzeichnis

Tabellenverzeichnis

1. Einleitung

1.1 Problemstellung

Der Erfolg eines Unternehmens (UN) wird von vielen verschiedenen Faktoren bestimmt. In der heutigen, wissensbasierten Gesellschaft gewinnt der Faktor *„Mensch"* immer mehr an Bedeutung, besonders hoch qualifizierte Mitarbeiter (MA), die spezifisches Wissen hinsichtlich Prozessen und Produkten besitzen.[1] Der Einsatz modernster Technologien, schnelle Einführung neuer Produkte in neue Märkte sowie eine starke Marke reichen heutzutage nicht mehr aus, um eine führende Marktposition zu bewerkstelligen. Hierfür sind loyale MA erforderlich, um gegenüber dem Wettbewerb entscheidende Vorteile erzielen zu können. Letzten Endes sind es die Menschen, die ein UN zur Marke kreieren und in Richtung Erfolg steuern.[2] Demnach stellt die Bindung von hoch qualifiziertem Personal bereits heute eine der bedeutendsten Herausforderungen des Human-Ressource-Managements im UN dar.[3]

Aktive Mitarbeiterbindung (MA-Bindung) bedeutet nicht nur, sich die Wettbewerbsvorteile oder den Unternehmenserfolg zu sichern, sondern auch die Zufriedenheit von Betriebsangehörigen zu erhalten. Da die MA-Zufriedenheit einen großen Einfluss auf die MA-Bindung hat und ein Betrieb eine soziale Organisation darstellt, sollte der Arbeitgeber sich daher bemühen, die Zufriedenheit seiner Angestellten zu fördern.[4] *Schuhmacher und Geschwill* argumentieren in ihrer Arbeit, dass nur zufriedene MA sich gegenüber ihrem Arbeitgeber treu und loyal verhalten und zugleich zufriedene Kunden schaffen.[5] *Loffing* stellte nach langjähriger Erfahrung fest, dass es ohne die Auseinandersetzung mit der Zufriedenheit und der Wertschätzung der MA kaum möglich sei, nachhaltige Ergebnisse bei der MA-Bindung zu erzielen.[6]

Der Gewinn, den ein UN mit effektiven Strategien der MA-Bindung erzielt, spricht für sich, indem bspw. sowohl in wirtschaftlich schwachen Zeiten als auch in Zeiten des Aufschwungs, hohe Fehlzeitquote sowie eine hohe Fluktuationsrate vermieden werden können.[7] Oft ist der Fall, dass die Leistungsträger ausgerechnet in Krisenzeiten sich nach einem neuen UN um-

1 Vgl. Schittich, 2011, S. 32
2 Vgl. Knoblauch, 2004, S.102
3 Vgl. Vom Hofe, 2005, S. 1
4 Vgl. Von Rosenstiel, 1999a, S. 188 und Pepels 2004, S. 52
5 Vgl. Schuhmacher / Geschwill, 2009, S. 26 f.
6 Vgl. Loffing, 2010, S. 4
7 Vgl. Loffing, 2010, S. 4

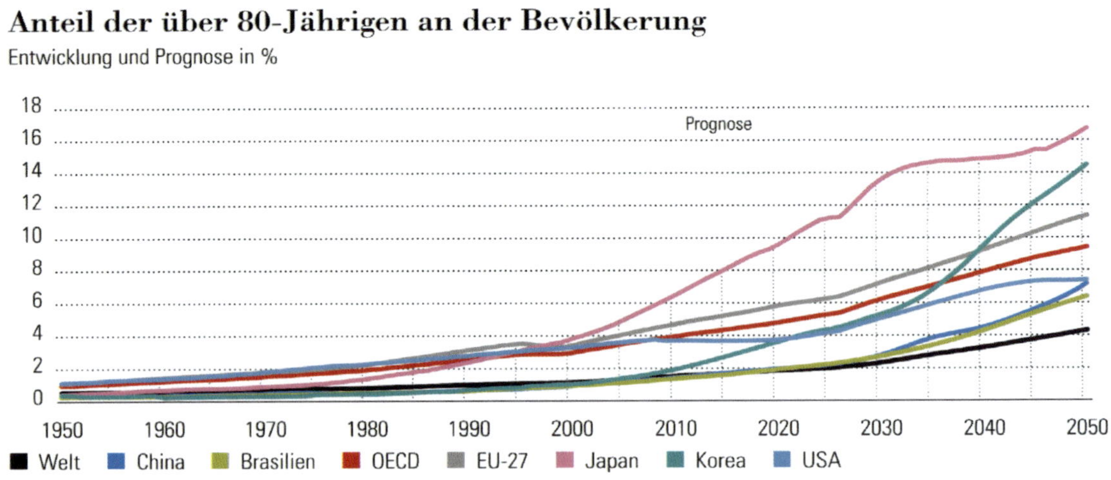

Abbildung 2: Demografischer Wandel, Prognosen: Anteil der über 80-Jährigen an der Gesamtbevölkerung von 1950 bis 2050
(Quelle: http://www.seniorweb.ch/files/media/image/2011/05/oecd_pflegekosten_grafik_nzz.jpg [Abgerufen 04.08.2013])

1.2 Zielsetzung der Untersuchung

Das Hauptziel dieser Studie ist in erster Linie das Problem zu klären, wie man hoch qualifizierte MA wirkungsvoll an das UN binden kann und das auf längere Zeit. Dabei soll untersucht werden, welche Faktoren die Bindung dieser Zielgruppe bestimmen und welche Methoden und Instrumente zur Bindung hervorragend geeignet sind. Außerdem soll ermittelt werden, welche Instrumente erlauben diese Zielgruppe (Schlüsselmitarbeiter) zu identifizieren, um gezielte Bindungsmaßnahme vornehmen zu können. In dieser Untersuchung sollen ebenfalls die ökonomischen Aspekten betrachtet werden, um zu schauen, ob durch eine aktive MA-Bindung das Unternehmenserfolg generieret werden kann oder nicht. Ferner hat diese Studie auch das Ziel, hilfreiche Tipps und Handlungsempfehlungen für die Unternehmungen zu leisten, damit sie ihre Mitarbeiterbindungsstrategie im Hinblick auf Effektivität und Effizienz optimieren können.

1.3 Gang der Untersuchung

Das einleitende Kapitel dieses Buches führt an das Thema „*Mitarbeiterbindung*" heran. Die Untersuchung gliedert sich insgesamt in sieben Kapitel. Da jedes Kapitel mit einer Erläuterung der Vorgehensweise beginnt, wird der Untersuchungsverlauf an dieser Stelle lediglich grob skizziert.

Im 1. Kapitel wurde die Problemstellung thematisiert und daraus die Forschungslücke identifiziert sowie die Zielsetzung der Untersuchung formuliert.

Um darzustellen, wie eine effektive[20] MA-Bindung überhaupt erzeugt werden kann, wird im 2. Kapitel das Forschungsobjekt *„Mitarbeiterzufriedenheit"* definitorisch abgegrenzt. Danach wird auf die Auswirkungen und Einflussfaktoren der MA-Zufriedenheit eingegangen. Um die Zufriedenheit der MA ermitteln zu können, werden Methoden zur Messung der MA-Zufriedenheit herangezogen. Diese sollen die Mitarbeitererwartung und -wahrnehmung analysieren. Mithilfe von diesen Messergebnissen könnte man eine effiziente[21] Entscheidung bei der MA-Bindung treffen, indem man gezielt auf die Wünsche und Bedürfnisse der eigenen MA eingeht.

Im 3. Kapitel dieses Buches wird das Hauptthema *„Mitarbeiterbindung"* näher behandelt. Es ist zunächst erforderlich, den Begriff *„Mitarbeiterbindung"* für den weiteren Verlauf der Untersuchung zu definieren. Ferner werden die Gründe für die MA-Bindung aus Sicht des UN angesprochen, die das UN dazu verleiten eine aktive MA-Bindung zu betreiben. Auch die Ziele, die während der Bindung[22] erreicht werden können, sollen dargestellt werden. Darauf folgend wird untersucht, welche Wirkung die Bindung für das UN und für die MA hat und welche Arten von Bindungen einen positiven bzw. negativen Effekt auf diese haben. Des Weiteren werden die Einflussfaktoren hinsichtlich ihrer Wirkung auf das Bindungsverhalten von MA, beleuchtet. Anschließend werden die ausgewählten Bindungsfaktoren, mit deren Hilfe MA an das UN gebunden werden sollen, ausführlich interpretiert.

Im 4. Kapitel erfolgt die Untersuchung des Zusammenhangs zwischen MA-Zufriedenheit und MA-Bindung. Dabei wird zunächst geprüft, ob die MA-Zufriedenheit für die MA-Bindung eine Relevanz aufweist oder nicht. Anschließend wird die Relation zwischen den beiden Konstrukten ermittelt.

Damit die Maßnahmen der MA-Bindung möglichst ökonomisch eingesetzt werden können, wird im 5. Kapitel die selektive MA-Bindung behandelt. Dabei werden zwei Instrumente vorgestellt, die dazu dienen, die Leistungsträger zu identifizieren, um sie gezielt an das UN binden zu können.

---

[20] ausführliche Erläuterung des Begriffs „effektiv" siehe Begriffserklärungen auf Seite 82
[21] ausführliche Erläuterung des Begriffs „effizient" siehe Begriffserklärungen auf Seite 82
[22] ausführliche Erläuterung des Begriffs „Anreize" siehe Begriffserklärungen auf Seite 79

deutschen als auch in der englischen Sprache verwendet wird.[31] Des Weiternen kann der Begriff *„Mitarbeiterzufriedenheit"* auch synonym zu *„Arbeitszufriedenheit"* verstanden werden.[32] Einen Überblick über die ausgewählten Definitionsansätze aus dem Forschungsbereich der Arbeits- und Organisationspsychologie des Konstruktes *„Mitarbeiterzufriedenheit"* bietet Tabelle 1.[33]

Autoren (Jahr):	**Definition**
Mitarbeiterzufriedenheit als Einstellung zur Arbeit	
Bettencourt/Brown (1997, S. 42)	„Job satisfaction refers to an employee's overall evaluation of the job situation".
Garrido/Pérez/Antón (2005, S. 1936)	„Job satisfaction is the degree to which people like their jobs [...]".
Jones/Busch/Dacin (2003, S. 331)	„Feeling or affective responses toward components of the work situation".
Neuberger (1976, S. 10)	Mitarbeiterzufriedenheit ist die „kognitiv-evaluative Einstellung zur Arbeitssituation".
Neuberger/Allerbeck (1978, S. 9)	Mitarbeiterzufriedenheit ist „als relative überdauernde Einstellung einer Person zu verschiedenen Aspekten ihrer Arbeitssituation zu verstehen".
Niklas/Dormann (2005, S. 367)	„Job satisfaction represents an attitude towards the job".
Mitarbeiterzufriedenheit als Ergebnis eines Soll-Ist-Vergleiches	
Bruggemann/Groskurht/Ulrich (1975, S. 132)	„Wir gehen davon aus, dass sich die situationsspezifischen Bedürfnisse und Erwartungen herausbilden, wenn ein Arbeitender erfährt, inwiefern die Merkmale der Arbeitssituation seine allgemein gegebenen Bedürfnisse betreffen. Daraus ergibt sich ein mehr oder minder bewusster Soll-Wert für konkrete Befriedigungsmöglichkeiten aus dem Arbeitsverhältnis. Die tatsächlichen Befriedigungsmöglichkeiten entsprechen dem Ist-Wert".
Gellermann (1972, S. 43)	„Je mehr die Umwelt den erwarteten Belohnungen des einzelnen entspricht oder zumindest das Eintreffen dieser Belohnung zu versprechen scheint umso besser wird die Arbeitszufriedenheit sein".
Groskurth (1974, S. 285)	Mitarbeiterzufriedenheit ist „[...] eine relativ geringe Differenz – bis zu Nulldifferenz – zwischen einem Ist-Wert von Merkmalen und Bedürfnismöglichkeiten der Arbeitssituation und deren Soll-Wert – den Ansprüchen, Erwartungen, allgemein: den Standards des Individuums [...]".
v. Rosenstiel (1975b, S. 445)	„Zufriedenheit muss als Prozess interpretiert werden. Sie trifft nicht auf gleiche objektive Ergebnissein gleicher Weise auf, da das Erreichen der Ziele zu neuem Adaptionsniveau führt. In einem theoretischen Konzept hohen Allgemeinheitsgrades stellt sich die Zufriedenheit dabei als Folge der wahrgenommenen Anpassung der personalen Situation an ein Idealkonzept dar".

Tabelle 1: Ausgewählte Definitionen zum Konstrukt Mitarbeiterzufriedenheit
(Quelle: Eigene Darstellung in Anlehnung an Stock-Homburg, betriebswirtschaftliche Forschung, 2012, S. 16f.)

[31] Vgl. Winter, 2005, S. 9f.
[32] Vgl. Homburg, 2004, S. 249
[33] Vgl. Stock-Homburg, 2012, S. 16f.

Bei der Betrachtung der zahlreichen Begriffsdefinitionen lassen sich jedoch zwei Kernelemente des Begriffs *„Mitarbeiterzufriedenheit"* herauskristallisieren. Zum einen wird die MA-Zufriedenheit als Einstellung zur Arbeit *(emotionale Komponente)* definiert.[34] Und zum anderen wird sie als das Ergebnis eine Soll/Ist-Vergleichs *(kognitive Komponente)* beschrieben. *Stock-Homburg* sieht in diesen beiden Ansätzen jedoch keinen Widerspruch zueinander, sondern ihre Integration, die ein umfassendes Verständnis des Konstrukts *„Mitarbeiterzufriedenheit"* liefert. Im Sinne einer Integration der zuvor dargestellten Literatur, definiert *Stock-Homburg* das Konstrukt *„Mitarbeiterzufriedenheit"* als Einstellung in Bezug auf das Arbeitsfeld, die sich aus dem abwägenden Vergleich zwischen dem erwarteten Arbeitsfeld *(Soll)* und dem tatsächlich wahrgenommenen Arbeitsumfeld *(Ist)* ergibt. Somit kann man unter diesem Konstrukt als *„Einstellung"* verstehen, die auf einem Soll/Ist-Vergleich basiert. (vgl. Stock-Homburg, 2012, S. 18)

Am Ende bleibt festzuhalten, dass MA-Zufriedenheit nicht eindeutig definierbar ist, da keine allgemein gültige Antwort existiert.[35] Ein wichtiger Grund hierfür ist, dass das Wohlergehen der Arbeitnehmer immer in Beziehung mit den wirtschaftlichen, politischen und gesellschaftlichen Gegebenheiten steht.[36] Dennoch bieten die dargelegten Ansätze einen Orientierungsrahmen für das Verständnis dieses Konstrukts. Aus der Sicht des Verfassers deckt die Definition von *Stock-Homburg* alle wichtigen Aspekte dieses Begriffes ab und wird deshalb für die vorliegende Studie gewählt.

2.2 Auswirkung der Mitarbeiterzufriedenheit

Zur Feststellung, welche möglichen Auswirkungen die MA-Zufriedenheit auf die Verhaltensweisen und die Leistungen von Angestellten hat, werden im Abschnitt 2.2 empirische Untersuchungen herangezogen. Aber zunächst ist eine inhaltliche Strukturierung sinnvoll, um einen Überblick über die Auswirkungen von MA-Zufriedenheit zu bekommen.

Auf der einen Seite werden im Zusammenhang mit MA-Zufriedenheit psychologische Kostrukte wie Commitment und Involvement[37] angeführt. Auf der anderen Seite finden sich Forschungsbefunde zu konkreten Verhaltenswirkungen der Organisational Citizenship Beha-

[34] Vgl. Stock-Homburg, 2012, S. 17
[35] Vgl. Franz, 2011, S. 26
[36] Vgl. Franz, 2011, S. 26
[37] ausführliche Erläuterung des Begriffs „Involvement" siehe Begriffserklärungen auf Seite 84

2.3 Einflussfaktoren auf die Mitarbeiterzufriedenheit

MA-Zufriedenheit wird von vielen verschiedenen Faktoren beeinflusst. Im Folgenden soll die speziell auf den Arbeitskontext ausgerichtete ***Zwei-Faktoren-Theorie von Herzberg*** herausgegriffen und vorgestellt werden.

Herzberg führte umfangreiche empirische Untersuchungen durch, um herauszufinden, in welchen Situationen die Mitarbeitenden besonders zufrieden bzw. unzufrieden waren.[42] Aus den Ergebnissen leitet *Herzberg* den Schluss ab, dass es zweierlei Klassen von Faktoren in der Arbeit gibt, die die Zufriedenheit der MA beeinflussen.[43] Er bezeichnete die eine Klasse von Faktoren als ***„Hygienefaktoren“*** *(„dissitisfiers")*, die andere als ***„Motivatoren“*** *(„satisfiers“)*.[44]

„Hygienefaktoren“ sind Arbeitsbedingungen, deren Verschlechterung beim MA zur Unzufriedenheit mit der Arbeit führt.[45] Sind diese vorhanden, ist der MA zwar nicht mehr unzufrieden, aber auch nicht motiviert, denn die Verbesserung der Hygienefaktoren wird als selbstverständlich angesehen.[46] *Meier* fügt hinzu, dass die Hygienefaktoren allein, wie etwa ein gutes Verdienst, nicht motivieren, sondern lediglich demotivieren, wenn sie fehlen.[47] Die wichtigsten Hygienefaktoren, sind die folgenden:[48]

- Anforderungs- und leistungsgerechtes Gehalt
- Kollegiale Beziehungen am Arbeitsplatz
- Gewährleistung von Information und Kommunikation
- Angemessene Arbeitsplatzgestaltung und -ausstattung
- Angemessener sozialer und persönlicher Status
- Personalpolitik und -verwaltung (Urlaubsplanung, Beschwerdewege, etc.)
- Arbeitsplatzsicherheit
- Arbeitsplatzverhältnisse (Klima, Licht, Schmutz, usw.)

---

[42] Vgl. Knecht / Pifko / Züger, 2011, S. 50
[43] Vgl. Knecht / Pifko / Züger, 2011, S. 50
[44] Vgl. Pöhls, 2012, S. 100
[45] Vgl. Linde / Heyde, 2007, S. 125
[46] Vgl. Linde / Heyde, 2007, S. 125
[47] Vgl. Meier, 2010, S. 15
[48] Vgl. Linde / Heyde, 2007, S. 125

Motivatoren sind hingegen Faktoren, die sich auf den Inhalt der Arbeit beziehen und nicht auf die Bedingungen.[49] Diese sind:

- Die eigene Leistung
- Die Anerkennung für die Leistung
- Die Arbeit selbst
- Verantwortung
- Aufstiegsmöglichkeiten
- Möglichkeiten zum Wachstum, zur Weiterentwicklung

Sind solche Faktoren vorhanden, wirken sie sich positiv auf die Zufriedenheit und den Leistungswillen der MA aus und können die Zufriedenheit stetig steigern. Bleiben diese Motivatoren jedoch aus, gibt es keine Motivationssteigerung, aber es entsteht auch keine Unzufriedenheit *(= neutraler Zustand)*. (vgl. Loffing, 2010, S. 21)

Nach langjähriger Forschung kam *Herzberg* zu dem Entschluss, dass nur solche Faktoren eine wirkliche Motivationskraft freisetzen können, die sich auf den Arbeitsinhalt und auf die Befriedigung persönlicher Wachstumsmotive beziehen. Fehlen jedoch diese Faktoren *(Motivatoren/satisfiers)*, kann in einem UN keine wirkliche Zufriedenheit herrschen. Des Weiteren ist es enorm wichtig, dass die Motivatoren und Hygienefaktoren gleichermaßen zum Einsatz kommen, um möglichst hohe Motivation und Arbeitsleistung bei den Arbeitnehmer zu erzielen. Außerdem beinhalten die Motivatoren die wichtigste zufriedenheitsstiftende und leistungsstimulierende Kraft. Diese können jedoch nur dann zur Wirkung kommen, wenn eine gesicherte *„Hygiene“* als Basis vorhanden ist. Denn eine starke Unzufriedenheit behindert letztlich die Wirkungskraft der Motivatoren. (vgl. Rothlauf, 2010, S. 230)

Die folgende Abbildung 4 bietet einen Überblick über die Ergebnisse der Herzbergstudie, sie zeigt welche Faktoren die MA-Zufriedenheit sowohl negativ als auch positiv beeinflussen.

[49] Vgl. Knecht / Pifko, 2006, S. 114

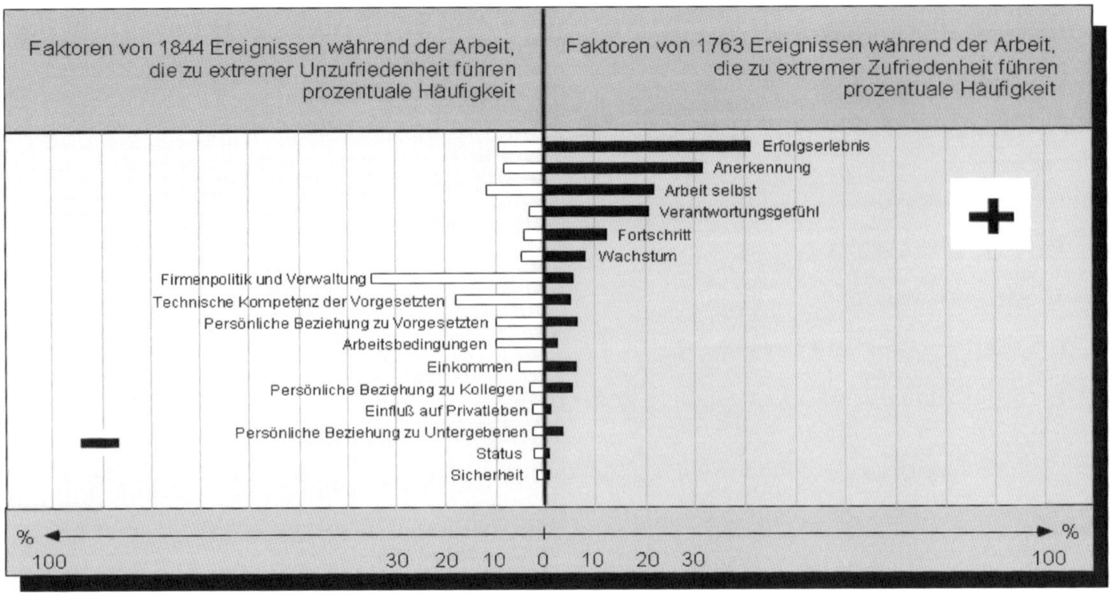

Abbildung 4: Hygienefaktoren und Motivatoren nach Herzberg *(Zwei-Faktoren-Theorie)*
(Quelle: http://lernergie.de/module/HRF_HAW/content/img/m01_034_img01.png

2.4 Möglichkeiten zur Erfassung der Mitarbeiterzufriedenheit

Um zufriedene MA erzeugen zu können, müssen ihre Bedürfnisse erkannt und erfüllt werden.[50] Denn je zufriedener die MA sind, desto motivierter, effizienter und qualitätsbewusster arbeiten sie.[51] Für die Messung der MA-Zufriedenheit steht eine Vielzahl von Erhebungsinstrumenten zur Verfügung.[52] Mit deren Hilfe kann das Management die Erwartung und Wahrnehmung der MA analysieren, um gezielter auf deren Bedürfnisse eingehen zu können.

Laut *Schütz* werden die Messinstrumente in drei Gruppen unterschieden, die allerdings in ihrer Bedeutung und Erprobung unterschiedlich zu bewerten sind:

- Die Beobachtung,
- die Befragung und
- die Dokumentenanalyse (Prüfung von Leistungen insbes. Fehlzeiten und Fluktuation)

Das am häufigsten gewählte Verfahren ist die Durchführung von Befragungen. Dabei kann die Gewinnung von Daten zum einen mündlich durch ein Interview und zum anderen schriftlich *(online oder in Papierform)* durch einen Fragebogen erfolgen. Jedoch haben die schriftli-

[50] Vgl. Gottschalk / Bedey 2004, S. 129
[51] Vgl. http://tuned-instruments.com/mab [Abgerufen 14.08.2013]
[52] Vgl. Schlick / Bruder / Luczak, 2010, S. 190

chen, standardisierten Befragungen in der Zufriedenheitsforschung größere Bedeutung als mündliche Befragungen, da mit Hilfe von Fragebögen eine große Anzahl von Beschäftigten effizient, vergleichbar und anonym erfasst werden kann. Außerdem bietet ein Fragebogen eine kostengünstige und effektive Methode zur Messung der MA-Zufriedenheit. Im Folgenden sollen drei der im deutschsprachigen Raum akzeptierten und häufig eingesetzten Messinstrumente vorgestellt werden. (vgl. Schütz, 2009, S. 54)

2.4.1. Mitarbeiterbefragung

Ein zentrales Konzept zur Erfassung der MA-Zufriedenheit stellt die Mitarbeiterbefragung (MAB) dar.[53] Die MAB hat sich in vielen größeren UN als Instrument etabliert, um das Betriebsklima bzw. die Zufriedenheit der MA zu messen.[54] Sie dient als Diagnoseinstrument zur Analyse von innerbetrieblichen Schwachstellen *(Aufnahme des Ist-Zustandes)* und bietet gleichzeitig die Möglichkeit zur Weiterentwicklung von Qualitätsstandards.[55] Des Weiteren bildet die MAB einen Bestandteil des betrieblichen Kommunikations- und Informationssystems.[56] Somit kann das UN oder eine Organisation aus Sicht der Beschäftigten die betriebliche Gesundheits- und Arbeitssituation erfassen. Dabei können auffällige Häufungen von Gesundheitsbeschwerden und arbeitsplatzbedingte Gesundheitsrisiken in bestimmten Tätigkeitsbereichen erkannt und beseitigt werden.[57] Denn die Fehlbelastungen und Gefährdungen, die von den MA persönlich als beeinträchtigend wahrgenommen werden, sind für die MA-Zufriedenheit und das Wohlbefinden von hoher Bedeutung.[58]

Domsch & Schneble definieren eine MAB ausführlich als ein Instrument der zeitgemäßen Unternehmensführung, mit dem im Auftrag der Geschäftsleitung, mit Hilfe von standardisierten Fragebögen, anonym, auf freiwilliger Basis und direkt bei allen Beschäftigten, Informationen über die Einstellungen, Werthaltungen, Erwartungen und Bedürfnisse der MA gewonnen werden, um daraus Hinweise auf betriebliche Stärken und Schwächen als Grundlage kon-

---

[53] Vgl. Gabriel, 2004, S. 205
[54] Vgl. http://www.arbeitsratgeber.com/mitarbeiterbefragung_0139.html [Abgerufen 15.08.2013]
[55] Vgl. http://www.hilde-utzmann.de/mitarbeiterbefragung.pdf [Abgerufen 15.08.2013]
[56] Vgl. Gabriel, 2004, S. 205
[57] Vgl. http://www.m-e-z.de/mez/DOWNLOAD/Downloads_Handlungsfelder_der_Personalpolitik/3-4-5_H-Empfehlung%20Mitarbeiterbefragung.pdf [Abgerufen 15.08.2013]
[58] Vgl. http://www.m-e-z.de/mez/DOWNLOAD/Downloads_Handlungsfelder_der_Personalpolitik/3-4-5_H-Empfehlung%20Mitarbeiterbefragung.pdf [Abgerufen 15.08.2013]

kreter gestalterischer Maßnahmen zur Einleitung eines Änderungsprozesses ableiten zu können.[59]

Im Wesentlichen können drei Hauptfunktionen von MAB unterschieden werden: [60]

- ***Diagnose- und Evaluationsfunktion:*** bezieht sich auf die Gewinnung von Informationen über innerbetriebliche Zustände
- ***Kontrollfunktion:*** überprüft, die Umsetzung von betrieblichen Maßnahmen
- ***Interventionsfunktion:*** Kommunikation wird angeregt, neue Themen werden in die Organisation transportiert, der Dialog im UN in Bezug auf Verbesserungsprozesse wird ermöglicht

Durch die Befragungen werden die MA partnerschaftlich in Unternehmensstrategie und Zielerreichung eingebunden.[61] Dabei ist es enorm wichtig, dass ihre Meinungsäußerungen, Stellungnahmen und Diskussionsbeiträge ernst genommen werden.[62] *Utzemann* erklärt, dass zufriedene Mitarbeiter, deren Meinungen ernst genommen werden, eine zentrale Rolle für eine nachhaltige Wettbewerbsfähigkeit spielen.[63] Ferner betont *Utzemann*, dass die Ergebnisse aus der MAB als eine wichtige Informationsgrundlage für strategische Entscheidungen und konkrete Planungen verwendet werden können.[64] Des Weiteren empfiehlt *Rüht,* die MAB nicht nur als Diagnose einzusetzen, sondern auch als Management-Instrument, das dem UN eine kontinuierliche und nachhaltige Verbesserung von Organisation und Geschäftsergebnissen liefert.[65] In diesem Zusammenhang schlägt *Weber* vor, regelmäßige *(mindestens einmal pro Jahr)* Umfragen zur MA-Zufriedenheit durchzuführen, um brauchbare Ergebnisse liefern zu können. Diese häufige Wiederholung von Umfragen begründet *Weber* damit, dass in einer Zeitspanne von einem Jahr die Prioritäten bei den MA sich ändern können; es können aber auch neue MA hinzugekommen oder ehemalige gegangen sein. Er ist der Meinung, dass diejenigen Befragungen, die nur in einem mehrjährigen Abstand erfolgen, dem UN nicht das notwendige Feedback bieten und Veränderungen nicht rechtzeitig erkannt werden können. Ferner weist er daraufhin, dass es die MA nicht sonderlich motivieren würde, wenn Ergebnis-

---

[59] Vgl. Gabriel, 2004, S. 205
[60] Vgl. Gabriel, 2004, S. 206
[61] Vgl. http://www.m-e-z.de/mez/DOWNLOAD/Downloads_Handlungsfelder_der_Personalpolitik/3-4-5_H-Empfehlung%20Mitarbeiterbefragung.pdf [Abgerufen 15.08.2013]
[62] Vgl. http://www.m-e-z.de/mez/DOWNLOAD/Downloads_Handlungsfelder_der_Personalpolitik/3-4-5_H-Empfehlung%20Mitarbeiterbefragung.pdf [Abgerufen 15.08.2013]
[63] Vgl. http://www.m-e-z.de/mez/DOWNLOAD/Downloads_Handlungsfelder_der_Personalpolitik/3-4-5_H-Empfehlung%20Mitarbeiterbefragung.pdf [Abgerufen 15.08.2013]
[64] Vgl. http://www.m-e-z.de/mez/DOWNLOAD/Downloads_Handlungsfelder_der_Personalpolitik/3-4-5_H-Empfehlung%20Mitarbeiterbefragung.pdf [Abgerufen 15.08.2013]
[65] Vgl. http://208.254.39.65/haygroupgmbh/e_article000653709.cfm [Abgerufen 15.08.2013]

se einer ausführlichen Umfrage keine Folgen haben oder einfach nicht mehr weiterverfolgt würden. (vgl. Weber, 2006, S.102)

Laut Literaturrecherche verfolgt das Management mit der MAB vor allem die folgenden Ziele: [66]

- Verbesserung des Betriebsklimas und die Zufriedenheit der Mitarbeiter
- Identifizierung von Schwachstellen und Handlungschancen
- Erhöhung des Commitments durch Einbindung aller Mitarbeiter
- Verstärkung des Dialogs zwischen Führungskräften und Mitarbeitern
- Informationsgewinnung aus der Mitarbeiterperspektive
- Beschleunigung von Veränderungsprozessen
- Kontrolle und Beurteilung von Arbeitsabläufen

Nach *Rüht*, muss der Fragebogen zielgerichtet aufgebaut sein, um eine erfolgreiche MAB realisieren zu können.[67] Er erklärt, dass der Fragebogen nie die Aufmerksamkeit auf Themenfelder lenken sollte, an denen das UN nichts ändern kann oder will.[68] Außerdem gehört zu einer erfolgreichen MAB unbedingt eine zeitnahe Kommunikation der Ergebnisse und der weiteren Maßnahmen an die Mitarbeiter. [69] Ansonsten würden die Beschäftigten sich nicht ernstgenommen fühlen und würden sich an zukünftigen Befragungen nicht mehr beteiligen.[70] *Rüht* zufolge ist eine MAB eher kontraproduktiv, wenn die Handlungen nach der Datenerhebung ausbleiben, denn dadurch verliert das Management über die Enttäuschung der MA an Glaubwürdigkeit und Vertrauen.[71]

Ferner existieren bereits ausgereifte Zufriedenheitsfragebögen, die zudem mehrfach empirisch getestet wurden. Nachfolgend werden im Abschnitt 2.4.2 und 2.4.3 zwei zentrale hochstrukturierte und standardisierte Fragebogenkonzepte zur MA-Zufriedenheit erörtert.[72]

---

[66] Vgl. Helm, 2009, S. 36; http://www.m-e-z.de/mez/DOWNLOAD/Downloads_Handlungsfelder_der_Personalpolitik/3-4-5_H-Empfehlung%20Mitarbeiterbefragung.pdf [Abgerufen 15.08.2013]
[67] Vgl. http://208.254.39.65/haygroupgmbh/e_article000653709.cfm [Abgerufen 15.08.2013]
[68] Vgl. http://208.254.39.65/haygroupgmbh/e_article000653709.cfm [Abgerufen 15.08.2013]
[69] Vgl. http://www.arbeitsratgeber.com/mitarbeiterbefragung_0139.html [Abgerufen 15.08.2013]
[70] Vgl. http://www.arbeitsratgeber.com/mitarbeiterbefragung_0139.html [Abgerufen 15.08.2013]
[71] Vgl. http://208.254.39.65/haygroupgmbh/e_article000653709.cfm [Abgerufen 15.08.2013]
[72] Vgl. Gabriel, 2004, S. 208f.

2.4.2 Job Description Index (JDI) von Smith, Kendal & Hulin (1969)

Smith und seine Kollegen liefern mit ihrem Arbeitsbeschreibungs-Index das am sorgfältigsten entwickelte und am besten validierte Instrument zur Messung der MA-Zufriedenheit.[73] Der JDI gilt als die weltweit am häufigsten verwendete Methode.[74] Grund für die häufige Verwendung ist, dass dieses Instrument universell anwendbar *(d.h. nicht branchenspezifisch)* und leicht auswertbar ist.[75]

Dieses Verfahren beschäftigt sich mit den externen Aspekten der Arbeit und beschreibt die MA-Zufriedenheit als eine Einstellung, die der Beschäftigte gegenüber den verschiedenen Facetten seiner Arbeit hat.[76] In Bezug auf die externen Aspekte der Arbeit findet eine Unterteilung in die folgenden fünf Kategorien statt: [77]

1. Arbeitstätigkeit
2. Führungsstil/Vorgesetzte
3. Kollegen/Mitarbeiter
4. Bezahlung
5. Aufstiegsmöglichkeiten

Der gesamte Index enthält insgesamt 72 Items *(Einheiten/Fragen)*.[78] Jedes Item beinhaltet eine kurze Aussage.[79] Die Kategorien *„Arbeitstätigkeit“*, *„Führungsstill“* und *„Kollegen“* enthalten je 18 Items und die beiden anderen Kategorien jeweils neun.[80] In Form eines Fragebogens, wird den Befragten eine dreistufige Antwortskala vorgeschlagen. Dieser hat dann die Möglichkeit, bei Zustimmung ein *„ja“* und bei Ablehnung ein *„nein“* einzusetzen. Sollte sich der Befragte für keine der beiden Antwortmöglichkeiten entscheiden, kann er ein *„?“* einsetzen. (vgl. Franz, 2011, S. 59)

Nachdem der Fragebogen vollständig beantwortet wird, kann eine Auswertung der 72 Items erfolgen.[81] Dabei bekommt der MA für jede Aussage, die er mit *„ja“* beantwortet hat, drei Punkte.[82] Im Gegensatz dazu erhält der MA keinen Punkt, wenn er die Frage mit *„nein“* be-

[73] Vgl. Gabor, 2011, S. 44
[74] Vgl. Gabor, 2011, S. 44
[75] Vgl. Schütz, 2009, S. 57
[76] Vgl. Franz, 2011, S. 58
[77] Vgl. Franz, 2011, S. 59
[78] Vgl. Fritz, 2007, S. 48
[79] Vgl. Fritz, 2007, S. 48
[80] Vgl. Schütz, 2009, S. 58
[81] Vgl. Franz, 2011, S. 59
[82] Vgl. Franz, 2011, S. 59

antwortet hat, und einen Punkt, wenn er sich nicht entscheiden konnte *(„?“)*.[83] Den Beurteilungen werden Punkte zugeordnet, die dann zur Gesamtzahl für jede Kategorie summiert werden. Auf diese Weise wird der Messwert für die Höhe der MA-Zufriedenheit berechnet.[84] Erreicht ein MA in allen Kategorien die volle Punktzahl, so kann man im Idealfall davon ausgehen, dass der MA mit seiner Arbeit zufrieden ist.[85]

2.4.3 Arbeitsbeschreibungsbogen (ABB) von Neuberger & Allerbeck (1978)

Der von *Neuberger & Allerbeck* entwickelte ABB ist ein hochstrukturierter, schriftlicher, universell anwendbarer Mehr-Item-Fragebogen, der quantitative Aussagen über die Zufriedenheit mit einzelnen Aspekten der Arbeit erlaubt.[86] Im deutschsprachigen Raum ist der ABB das am häufigsten verwendete Messinstrument zur Erhebung der MA-Zufriedenheit.[87] Die Grundlage des ABB ist ein anreiztheoretischer Ansatz: Das Individuum bewertet und registriert bestimmte Erfahrungen in der Arbeitswelt, die sein zukünftiges Verhalten beeinflussen.[88] Unterschieden werden in sieben Bereiche des Arbeitslebens: [89]

1. Kollegen
2. Vorgesetzte
3. Tätigkeit
4. Arbeitsbedingungen
5. Organisation und Leitung
6. Entwicklung
7. Bezahlung

Ferner werden Items zur Beurteilung der Arbeitszeit, der Arbeitsplatzsicherheit und der allgemeinen Arbeits- und Lebenssituation hinzugefügt. Dieses Instrument stellt eine Weiterentwicklung des JDI dar und beinhaltet 81 Items, die auf einer vierstufigen Skala beurteilt werden. Die einzelnen Aspekte der MA-Zufriedenheit sind unabhängig voneinander, da bspw. ein Angestellter, der mit seinem Vorgesetzten zufrieden ist, noch lange nicht mit der Bezah-

[83] Vgl. Franz, 2011, S. 59
[84] Vgl. Fritz, 2007, S. 48
[85] Vgl. Fritz, 2007, S. 48
[86] Vgl. Gabriel, 2004, S. 208
[87] Vgl. Fritz, 2007, S. 48
[88] Vgl. Schütz, 2009, S. 60
[89] Vgl. Franz, 2011, S. 62f.

lung oder seinen Kollegen zufrieden sein muss. (vgl. Schlick / Bruder / Luczak, 2010, S. 192; Fritz, 2007, S. 48)

Die Messung von Einzelzufriedenheiten der wichtigsten Aspekte der Arbeitssituation steht beim ABB im Vordergrund. Der Vorteil des ABB gegenüber anderen Messinstrumenten liegt darin, dass Beschreibungen der Arbeitssituation verwendet werden. Somit lassen sich mit Hilfe dieses Instrumentes, gezielte Hinweise auf einzelne Schwachstellen in den MA-Zufriedenheit bestimmenden Faktoren ermitteln. (vgl. Schlick / Bruder / Luczak, 2010, S. 192)

2.4.4 Weitere Methoden zur Erfassung der Arbeitszufriedenheit

Neben den angesprochenen Messmethoden sollen exemplarisch noch weitere Verfahren erwähnt werden, die im deutsch- und englischsprachigen Raum Anwendung finden. Auf diese wird nicht näher eingegangen: [90]

- Minnesota Satisfaction Questionnaire (MSQ) von *Weiss et al.* (1967)
- Skala zur Messung der Arbeitszufriedenheit (SAZ) von *Fischer* & *Lück* (1972)
- Der Arbeitszufriedenheits-Kurzbogen (AKZ) von *Burggemann* (1976)
- Job Diagnostic Survey (JDS) von *Hackman* & *Oldham* (1975)
- Der Bedürfnisbefriedigungsfragebogen von *Porter* (1962)
- Subjektive Arbeitsanalyse (SAA) von *Udris* & *Alioth* (1980)
- Job Satisfaction Survey (JSS) von *Spector* (1985)

Aus den Jahresangaben der in 2.4.2 und 2.4.3 vorgestellten Messinstrumente sowie der obigen Auflistung ist ersichtlich, dass es sich um etwas ältere Verfahren handelt. Bedeutende Neuentwicklungen hat es in der letzten Zeit jedoch nicht gegeben.[91] Ein wichtiger Grund dafür sind die Vorteile der Verwendung bereits existierender Messinstrumente (vgl. Abschnitt 2.4.2 und 2.4.3).

---

[90] Vgl. Pfennig, 2009, S. 39f.
[91] Vgl. Weinert 2004, S. 256

3. Theoretische Grundlegung der Mitarbeiterbindung

Dieses Kapitel beschäftigt sich zunächst mit der Suche nach passender Definition, die als Grundlage für diese Untersuchung dienen soll. Danach werden Gründe behandelt, die die Organisationen dazu verleiten, eine intensive MA-Bindung zu betreiben und welche Ziele sie dabei erreichen können. Das Kapitel zeigt auch, welchen Effekt die MA-Bindung sowohl auf das UN als auch auf die MA hat und welche Determinanten die Bindung besonders beeinflussen. Anschließend werden Bindungsfaktoren genannt und erörtert, die zur Bindung von hoch qualifizierten MA verwendet werden können.

3.1 Definition des Begriffs „Mitarbeiterbindung"

Derzeit werden verschiedene Termini verwendet, um das Phänomen *„Mitarbeiterbindung"* zu bezeichnen.[92] Treffend formuliert es *Bröckermann* unter dem Stichwort *„Konfusion"*: Identifikation, Integration, Loyalität[93], MA-Bindung, Personalbindung, Personalhaltung, aber auch, weil es angeblich englisch besser klingt, Attraction, Commitment[94], Retention Management[95], Relationship, Retainment sowie Staff Retention.[96] Nach *Bröckermann & Pepels* umschreiben diese und andere wenig gebräuchliche Begriffe, dass die Arbeitgeber die Verweildauer der geschätzten Beschäftigten im UN intensivieren und verlängern, aber auch sie zu Leistung und Treue anspornen möchten.[97]

Ähnlich wie für den Begriff *„Mitarbeiterzufriedenheit"* findet man für den Begriff *„Mitarbeiterbindung"* in der heutigen wissenschaftlichen Literatur keine einheitliche Definition, obwohl das Thema immer mehr an Bedeutung gewinnt.[98] Dennoch wurde mehrfach der Versuch unternommen, diesen komplexen Bereich in einer Kernaussage zusammenzufassen.

Müller-Vorbrügen bezeichnet die MA-Bindung als *„Bindung in Freiheit"*. Damit ist gemeint, dass die MA-Bindung nur dann funktionieren kann, wenn der MA sich frei fühlt, selbst zu entscheiden, ob er im UN bleiben möchte oder nicht. Laut *Müller-Vorbrügen* fühlen sich die Angestellten gefesselt, wenn man ihnen keine Wahlmöglichkeiten bietet. Dies wirkt sich

---

[92] Vgl. Bruhn / Stauss, 2010, S. 231
[93] ausführliche Erläuterung des Begriffs „Loyalität" siehe Begriffserklärungen auf Seite 84
[94] ausführliche Erläuterung des Begriffs „ Commitment" siehe Begriffserklärungen auf Seite 80
[95] ausführliche Erläuterung des Begriffs „Retention Management" siehe Begriffserklärungen auf Seite 85
[96] Vgl. Bruhn / Stauss, 2010, S. 231
[97] Vgl. Bröckermann / Pepels, 2004, S. 18
[98] Vgl. Jaeger, 2006, S. 21

höchst negativ auf die Motivation und die Identifikation mit dem UN aus. (vgl. Jaeger, 2006, S. 21)

Vom Hofe beschreibt MA-Bindung als empfundene Verbundenheit[99] sowie Gebundenheit[100] an ein Unternehmen; es umfasst alle Maßnahmen eines Unternehmens, die darauf abzielen, die MA darin zu beeinflussen, beim UN zu verbleiben und die Beziehung zu festigen. Wichtig dabei ist, so erklärt *Vom Hofe*, dass sowohl eine emotionale als auch eine vertragliche Bindung im beiderseitigen Einvernehmen erzielt werden muss. Das bedeutet, dass eine gegenseitige Wertschätzung vorherrschen muss, um eine hohe Loyalität erreichen zu können, die ihrerseits eine langfristige positive Zusammenarbeit zur Folge hat. Damit das Ganze funktioniert, postuliert *Jaeger*, dass beide Vertragspartner dazu bereit sein müssen, gegenseitige Eingeständnisse zu machen. (vgl. Vom Hofe, 2005, S. 8; Jaeger, 2006, S. 21 f.)

Die *Deutsche Gesellschaft für Personalführung* (DGfP) definiert MA-Bindung als einen Prozess, durch Anreize qualifizierte MA zu gewinnen und zu halten bzw. MA zu veranlassen, im UN zu bleiben, Leistung zu erbringen und sich loyal zu verhalten.[101] Die *DGfP* legt also Wert auf strategisch wichtige Arbeitnehmer, indem mit Hilfe von bindungsunterstützenden Maßnahmen versucht wird, die Wahrscheinlichkeit des Verbleibs gewünschter MA zu erhöhen und Wissensträger auch außerhalb des UN zu verpflichten, sowie Anzeichen von Leistung und Loyalität. [102]

Anhand der vorgestellten Definitionen wird ersichtlich, dass jeder Autor den Begriff *„Mitarbeiterbindung"* unterschiedlich begreift. Eine passende Begriffserklärung liefert die *DGfP*, indem es darum geht, nur qualifizierte MA durch Anreize zu binden und sie damit zur höchst Leistung zu motivieren sowie ihre Loyalität gegenüber dem UN zu steigern. Daher wird diese Definition als Grundlage für die vorliegende Untersuchung herangezogen. Wird im Folgenden von MA-Bindung gesprochen, so wird die Bindung von hoch qualifizierten MA (Schlüsselmitarbeiter) und Talenten gemeint.

---

[99] ausführliche Erläuterung des Begriffs „Verbundenheit" siehe Begriffserklärungen auf Seite 83
[100] ausführliche Erläuterung des Begriffs „Gebundenheit" siehe Begriffserklärungen auf Seite 83
[101] Vgl. Bruhn / Stauss, 2010, S. 232
[102] Vgl. Bruhn / Stauss, 2010, S. 233; Szebel-Habig, 2004, S. 33

3.1.1 Gründe für die Mitarbeiterbindung aus der Sicht des Unternehmens

Es gibt viele Anlässe für eine aktive MA-Bindung: verschärfter globaler Wettbewerb, wachsendes Innovationstempo, Fachkräftemangel sowie beschleunigte demografische Entwicklung. Laut *Jaeger* sollte ein UN frühzeitig damit beginnen, ein geeignetes Maßnahmenportfolio zur effektiven MA-Bindung zu erstellen, um gut qualifizierte Arbeitnehmer an die Organisation zu binden. (vgl. Jaeger, 2006, S. 18)

Der Weggang sowie das fehlende Engagement von MA – und sei es nur vorübergehend – gefährdet den ökonomischen Erfolg.[103] *Bruhn & Stauss* sind der Meinung, dass eine fehlende MA-Bindung mit einer nicht vorhandenen *(Bleibe-/Leistung-)* Motivation gleichzusetzen ist.[104] Sie sprechen in diesem Zusammenhang von Symptomen für Motivationsverluste (geringe Zufriedenheit, geringe Leistungsbereitschaft, hohe Fehlzeitenquote) und Qualifikationsverluste (hoher Zeitaufwand für die Einarbeitung neuer Mitarbeiter, Abhängigkeit von externen Experten, hohe Fehlerrate bei Routinetätigkeiten).[105] Diese Symptome bezeichnen sie als potenzielle Kosten für eine Organisation, die *keine* MA-Bindung betreibt.[106] Ferner erläutern *Ronald et al.*, dass dem UN die Kundenzufriedenheit sowie Kundentreue erst dann gelingen wird, wenn die MA hoch motiviert und qualifiziert sind.[107] Dies wirkt sich wiederum positiv auf die Wettbewerbsfähigkeit aus, was sich direkt im Unternehmenserfolg niederschlägt.[108] Des Weiteren beschreibt *Stock-Homburg*, dass die MA-Bindung mit Kundenbindung zu vergleichen ist, denn die Akquirierung neuer Kunden ist um vielfaches teurer als die Bindung vorhandener Kunden bzw. MA.[109] Auch *Szebel-Habig* nennt einige wichtige Gründe für ein UN, verstärkt MA-Bindung zu betreiben. Diese sind: [110]

- Wachstum durch Wissensmanagement
- Loyale Kunden
- Höhere Produktivität und Rentabilität
- Niedrigere Fluktuation
- Positive Unternehmensimage in der Öffentlichkeit
- Sicherheit

[103] Vgl. Bruhn / Stauss, 2010, S. 237
[104] Vgl. Bruhn / Stauss, 2010, S. 237
[105] Vgl. Bruhn / Stauss, 2010, S. 237
[106] Vgl. Bruhn / Stauss, 2010, S. 238
[107] Vgl. Ronald / Peter / Volker, 2012, 88f.
[108] Vgl. Ronald / Peter / Volker, 2012, 88f.
[109] Vgl. Stock-Homburg, 2008, S. 683
[110] Szebel-Habig, 2004, S. 24

Ferner ist *Szebel-Habig* der festen Überzeugung, dass man durch die Bindung von wertvollen MA, die loyal gegenüber ihrem UN sind, den Wert eines UN deutlich steigern kann, indem sowohl qualitative als auch quantitative Ziele *(vgl. Tab. 3)* erreicht werden. Um diese Ziele erreichen zu können, verweist *Szebel-Habig* daraufhin, dass die Arbeitgeber intensive MA-Bindung betreiben und dabei Wert auf die Loyalität der Mitartarbeiter legen sollten. (vgl. Szebel-Habig, 2004, S. 71)

Qualitative Ziele	Quantitative Ziele
✓ Wachstumsmotor Wissen im UN halten	✓ Rentable Investitionen in das Humankapital
✓ Führungsqualitäten sichern	✓ Fluktuationskosten senken
✓ Soziales Kapital stärken	✓ Fehlzeiten reduzieren
✓ Loyalität der Gewinn bringenden Kunden erhöhen	✓ Produktivität und Rentabilität erhöhen
✓ MA-Zufriedenheit sichern	

Tabelle 3: Ziele der Mitarbeiterbindung
(Quelle: Eigene Darstellung in Anlehnung an Szebel-Habig, Mitarbeiterbindung, 2004, S. 71)

Nach Aussagen der o.g. Autoren wird deutlich, wie relevant die Bindung der MA für das UN ist. Dabei können die Organisationen nicht nur wertvolle MA halten, sondern auch den Firmenwert erhöhen und gleichzeitig unnötige Kosten vermeiden. Letzten Endes ist dies zur Sicherung des langfristigen Unternehmenserfolges ausschlaggebend.

3.2 Wirkungen der Bindung für Unternehmen und Mitarbeiter

Seit längerem wird in der organisationspsychologischen und wirtschaftswissenschaftlichen Forschung untersucht, warum die Beschäftigten in der Organisation verbleiben, wie eine Bindung an eine Organisation entsteht und welche Effekte diese hat.[111]

Nach *Schumacher* können MA aus verschiedenen Gründen in ihrer Organisation verbleiben.[112] In der Forschung wird vornehmlich zwischen zwei Formen der Organisationsbindung (auch Commitment genannt) unterschieden.[113] Diese werden als *„affektives Commitment“*[114]

[111] Vgl. Schumacher, 2010, S. 122
[112] Vgl. Schumacher, 2010, S. 122
[113] Vgl. Schumacher, 2010, S. 122
[114] ausführliche Erläuterung des Begriffs „affektives Commitment“ siehe Begriffserklärungen auf Seite 81

und *„kalkulatives Commitment"* [115] bezeichnet. Ein kalkulatives Commitment existiert in Form einer „*Gebundenheit*" und ein affektives Commitment in Form einer „*Verbundenheit*".[116] Bei der Gebundenheit handelt es sich um einen Zustand der ökonomischen Bindung während bei der Verbundenheit eine eher psychologische Bindung vorliegt.[117]

Mitarbeiter, die nur eine kalkulative Bindung an ihre Organisation aufweisen, erbringen eher geringe Leistungen und zeigen weniger Engagement. Denn sie leisten nur so viel, wie unbedingt nötig ist, um ihren Arbeitsplatz nicht zu gefährden. *Schumacher* beteuert, dass MA mit kalkulativer Bindung oft mit ihrer Tätigkeit und der Organisation nicht zufrieden sind und warten auf eine Chance, die Organisation zu verlassen. Außerdem versuchen sie mit minimalem Aufwand einen maximalen Nutzen zu erzielen. Demgegenüber zeigen Mitarbeiter, die sich mit ihrer Organisation emotional verbunden fühlen, in hohem Maß organisationsdienliches Verhalten. Zudem zeichnen sie sich durch Fleiß und freiwilliges Arbeitsengagement aus. Dies wird auch als *„Organizational Citizenship Behavior"* bezeichnet. Zu diesen organisationsdienlichen Verhaltensweisen gehören Hilfsbereitschaft, Eigeninitiative, Gewissenhaftigkeit und Unkompliziertheit. Mit Unkompliziertheit wird gemeint, dass man sich nicht über jede Kleinigkeit aufregt und auch kleinere Unannehmlichkeiten klaglos hinnimmt. (vgl. Schumacher, 2010, S. 122)

In Abbildung 5 werden wesentliche positive Effekte von affektivem Commitment dargestellt.

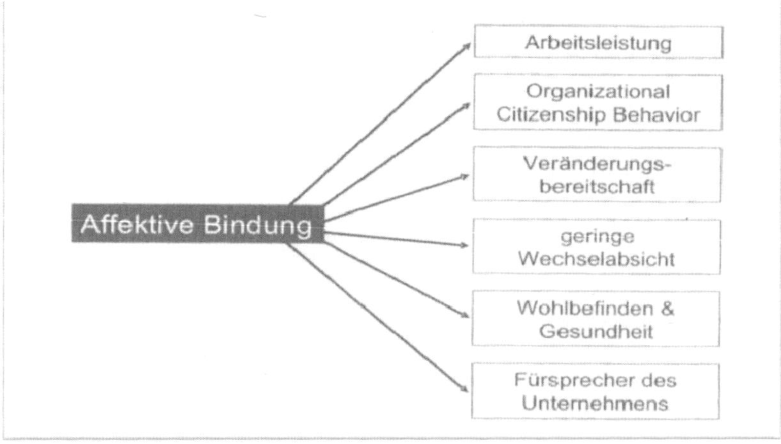

Abbildung 5: Effekte von affektivem Commitment
(Quelle: Schumacher, Sozialwirtschaft, 2010, S. 122)

[115] ausführliche Erläuterung des Begriffs „kalkulatives Commitment" siehe Begriffserklärungen auf Seite 81
[116] Vgl. Bruhn / Stauss, 2010, S. 233; Pick, 2008, S. 98
[117] Vgl. Bruhn / Stauss, 2010, S. 233; Pick, 2008, S. 98

Durch die verschärfte Wettbewerbssituation der heutigen Zeit sind Organisationen auf freiwilliges Engagement ihrer MA angewiesen.[118] Eine Organisation, deren MA nur „Dienst nach Vorschrift" leisten, ist in einem dynamischen Wettbewerbsumfeld nicht mehr überlebensfähig. Daher ist es notwendig, dass die MA und Organisationen sich gegenseitig helfen, die Chancen gemeinsam ergreifen und nach bestmöglicher Leistung streben – denn nur so können laut *Schumacher* die Organisationen erfolgreich sein. Ferner haben die Forscher bewiesen, dass die MA, die sich mit dem UN emotional verbunden fühlen, erfolgreicher sind als UN mit einer geringen durchschnittlichen Ausprägung des affektiven Commitments der MA. Neben den positiven Wirkungen für Organisationen finden sich zusätzlich auch positive Effekte für die MA. Denn die Personen, die eine hohe affektive Bindung an ihre Organisation entwickeln, weisen eine höhere Zufriedenheit[119] auf und erleben weniger Stress. (vgl. Schumacher, 2010, S. 123 f.)

Neben dem affektiven Commitment wurde eine weitere Form der Beziehung zu einer Organisation untersucht, das ist die *„Identifikation mit der Organisation"*.[120] Diese weist große Überschneidungen mit affektivem Commitment auf, besitzt aber eine Besonderheit. Personen, die sich mit ihrem UN identifizieren, definieren sich selbst über diese Zugehörigkeit, wie z.B. *„Ich bin ein Opelaner" (*oder *„Fordianer"*).[121] Zur MA-Bindung und Identifizierung ermöglichen vor allem die Autobauer all ihren MA einen Werkswagen zu erwerben. Diese Zufriedenheit mit dem eigenen Produkt spiegeln die MA wieder nach außen zu ihren Bekannten und Freunden. Der Bekanntheitsgrad oder gar der Erfolg des UN kann durch so etwas steigen. Somit wird die Unternehmenszugehörigkeit ein Teil der Beschreibung der eigenen Person.[122] Hierdurch gewinnt die Unternehmenszugehörigkeit auch eine Bedeutung für den eigenen Selbstwert – die emotionale Bewertung der eigenen Person.[123] Am meisten identifizieren sich die MA mit ihrem UN, wenn dieses in ihren Augen ein hohes Prestige und hohe Reputation aufweist. Denn der hohe Status des eigenen UN trägt zur Aufwertung der eigenen Person bei. *Schumacher* stellt fest, dass eine hohe Identifikation mit dem Unternehmen einen positiven Effekt bewirkt, indem MA sich Erfolg für ihr UN wünschen und sich hierfür einsetzen. So werden Erfolge oder Misserfolge des UN auch als eigene Erfolge oder eben Niederlagen angesehen. Außerdem verbreiten hoch identifizierte MA positive Mundpropaganda über ihr UN

118 Vgl. http://www.integration-in-bonn.de/aktiv-und-engagiert/freiwilliges-engagement.html [Abgerufen 18.08.2013]
119 ausführliche Erläuterung des Begriffs „Zufriedenheit" siehe Begriffserklärungen auf Seite 86
120 Vgl. Wolf, 2013, S. 132f.
121 Vgl. Wolf, 2013, S. 132f.
122 Vgl. Felfe, 2008, S. 147f.
123 Vgl. Schumacher, 2008, S. 147f.

und werben für dieses, weil sie von einer guten Reputation ihres UN profitieren. (vgl. Schumacher, 2010, S. 125)

Bei der Passung zwischen Mitarbeiteridentität und Unternehmensidentität stellt *Loffing* ebenfalls fest, dass bei einer Identifikation positive Wirkungen hervorgerufen werden, sowohl für das UN als auch für die MA. Er erklärt, dass die MA sich grundlegend wohlfühlen, wenn sie sich mit den Werten ihres UN identifizieren können. Dies führt dazu, so *Loffing*, dass die Angestellten automatisch gut für ihr UN arbeiten und bei ihm längerfristig bleiben wollen. Auch *Böhm* ist der Ansicht, dass Abteilungen und MA, welche sich mit ihrem UN identifizieren, mehr Einsatz zeigen und weniger mit dem Gedanken spielen, die Organisation zu verlassen. (vgl. Loffing, 2010, S. 51f.; Böhm, 2008, S. 189)

Nach der Auffassung von *Loffing,* können sich die Beschäftigten nur dann an ein UN binden, wenn sie ihre eigene Identität mit der des UN vergleichen können. Ziel eines UN sollte es daher sein, dass sich der MA mit dem UN identifiziert, um positive Wirkungen der Bindung für UN und MA zu erreichen.

3.3 Einflussfaktoren der Mitarbeiterbindung

Nachdem festgestellt wurde, dass die emotionale Bindung und Identifikation mit der Organisation positive Wirkungen sowohl für das UN als auch für die MA aufweisen (vgl. Abschnitt 3.2), beschäftigt sich dieses Abschnitt nun mit der Frage: Welche Arbeits- und Organisationsmerkmale sich positiv auf die affektive Bindung und die Identifikation mit Organisationen auswirken? Einige zentrale Einflussfaktoren werden in Abbildung 6 veranschaulicht.

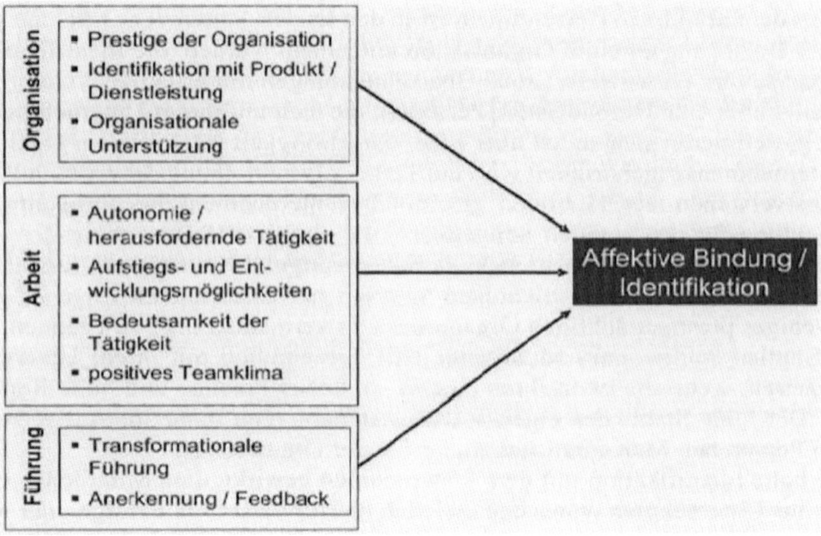

Abbildung 6: Einflussfaktoren von affektivem Commitment und Identifikation mit Organisationen (Quelle: Schumacher, Sozialwirtschaft, 2010, S. 126)

Es wurden bereits zahlreiche empirische Studien durchgeführt, die belegen, dass die Qualität der Arbeitsbedingungen und der sozialen Beziehungen die Entstehung von affektivem Commitment beeinflussen. Nach *Schmacher & Felfe* hat die wahrgenommene Unterstützung durch die Organisation den stärksten Einfluss auf die emotionale Bindung. Das heißt, dass je stärker MA Unterstützung und Förderung durch ihre Organisation erfahren, umso stärker fühlen sie sich dieser emotional verbunden und verpflichtet. Ferner bezieht sich die wahrgenommene organisationale Unterstützung auf erlebte Entwicklungs- und Karrieremöglichkeiten und die erfahrene Rücksichtnahme auf individuelle Bedürfnisse. Des Weiteren wird die emotionale Bindung auch durch die wahrgenommene Fairness seitens der Organisation erzeugt. Das bedeutet, dass je fairer Entscheidungsprozesse sowie das Verhalten der Entscheidungsträger erlebt werden, umso wahrscheinlicher ist die Entstehung und Erhaltung von affektivem Commitment. Auch eine herausfordernde und abwechslungsreiche Tätigkeit, die als sinnvoll und bedeutsam betrachtet wird oder eine Arbeitstaufgabe, bei der die MA über einen gewissen Handlungs- und Entscheidungsspielraum verfügen, fördert affektives Commitment. (vgl. Schumacher, 2010, S. 126; Felfe, 2008, S. 141f.)

Das Führungsverhalten des direkten Vorgesetzten hat sich ebenfalls als ein weiterer wichtiger Einflussfaktor herauskristallisiert. Die allgemeinen Schlüsse der Studie besagen, dass insbesondere transformationale Führung die emotionale Bindung fördert.[124] Unter transformationaler Führung wird ein Führungsverhalten verstanden, welches Erwartungen und Einstellungen von MA und deren Ansprüche und Ziele in Bezug auf ihre Arbeit verändern und erweitern kann.[125] Transformationale Führungskräfte zeichnen sich dadurch aus, dass sie über attraktive Visionen und Vorstellungen von zukünftigen Entwicklungen verfügen und diese überzeugend vermitteln können.[126] Sie begeistern die Angestellten für ihre Ziele, indem sie Herausforderungen anbieten und den MA Hoffnungen, Vertrauen und Zuversicht vermitteln. [127] Weiterhin berücksichtigen transformationale Führungskräfte die individuellen Bedürfnisse der MA sowie die individuelle Förderung.[128] Das affektive Commitment wird gegenüber der Führungskraft vor allem durch die Art der erlebten Führung bestimmt.[129] Je transformationaler das Führungsverhalten eingeschätzt wird, umso stärker ist die emotionale Bindung an die Führungskraft.[130] Im Gegensatz dazu wird die Bindung an die Arbeitsgruppe durch die Qualität des Betriebsklimas beeinflusst.[131] Je besser die Beziehung zu den Kollegen und das Arbeitsklima unter den MA eingeschätzt werden, umso stärker ist die emotionale Bindung an das Team.[132]

Auch Veränderungen der Arbeitszeiten können sich, laut *Felfe*, positiv auf die Bindung der MA auswirken. Er beschreibt in seiner Arbeit, dass durch die Einführung flexibler Arbeitszeiten eine Verbesserung der Motivation und der Arbeitsmoral sowie die Möglichkeit der besseren Vereinbarkeit von Erwerbsarbeit und Familie erreicht werden. Beispielsweise können die MA durch flexible Arbeitszeiten eine erhöhte Kontrolle über ihr Leben gewinnen, da ihnen die Gelegenheit gegeben wird, an Zeiten zu arbeiten, die mehr den persönlichen Bedürfnissen (z.B. Sport und Fitness, Kinderbetreuung, bessere Planung privater Termine usw.) entsprechen. Insofern wird die Organisation aus der Mitarbeiterperspektive als *„familienfreundlich"* empfunden, wenn diese ihre Fürsorge für Arbeit und Familie *(Work-Life-Balance)* zum Ausdruck bringt. Somit können die Arbeitgeber das Angebot flexibler Arbeitszeiten als Opportunität betrachten, um hohe emotionale Bindung und gleichzeitig Zufriedenheit zu bewirken. (vgl. Felfe, 2008, S. 142)

[124] Vgl. Felfe, 2008, S. 136f.
[125] Vgl. Schumacher, 2010, S. 127
[126] Vgl. Felfe, 2008, S. 137
[127] Vgl. Felfe, 2008, S. 137
[128] Vgl. Schumacher, 2010, S. 127
[129] Felfe, 2008, S. 142
[130] Vgl. Felfe, 2008, S. 142
[131] Vgl. Loffing, 2010, S. 54f.
[132] Vgl. Felfe, 2008, S. 142; Loffing, 2010, S. 54f.

Des Weiteren berichtet *Felfe*, dass die Sicherheit des Arbeitsplatzes und die wirtschaftliche Situation der Organisation Einfluss auf das affektive Commitment haben. Er erklärt, dass insbesondere die Arbeitsplatzsicherheit ein Verpflichtungsgefühl gegenüber der Organisation auslöst, wobei wirtschaftlicher Erfolg des UN eher die Identifikation steigert. (vgl. Felfe, 2008, S. 141)

Zur Steigerung der Identifikation mit der Organisation nennt *Schumacher* folgende wirkungsvolle Faktoren: [133]

- Erfolge der eigenen Organisation
- Gemeinsamkeiten zwischen den Mitarbeitern
- Wettbewerb mit anderen Organisationen
- Einzigartige Merkmale der Organisation

Zur Förderung der Identifikation mit der Organisation müssen die Arbeitgeber laut *Schumacher* ihre Erfolge kommunizieren und ihre individuellen Eigenschaften, die sie von anderen konkurrierenden Organisationen unterscheiden, hervorheben.[134] *Schumacher* weist daraufhin, dass die MA unbedingt über ihre Wettbewerber informiert werden müssen, die den Erfolg der eigenen Organisation gefährden.[135] Zudem sollten die Organisationen die gemeinsamen Werte und Ziele explizit betonen, denn dies, so *Schumacher*, stärkt die Identifikation der MA mit der Organisation.[136] Ferner fühlen sich die MA an eine erfolgreiche Organisation angezogen, die fähig ist, sich im Wettbewerb zu behaupten und einzigartige Merkmale sowie geteilte Werte und Ziele aufweist.[137]

Des Weiteren stellen die Forscher fest, dass die Beziehung zu einer Organisation ähnlichen Gesetzmäßigkeiten unterliegt wie zwischenmenschliche Beziehungen.[138] Denn jedes Individuum wünscht sich Wertschätzung, Respekt, und will und kann sich nur dann binden, wenn das Vertrauen vorhanden ist.[139] Nach *Bröckermann & Pepels* entsteht Vertrauen, wenn MA sich fair behandelt fühlen und erleben, dass auf ihre Wünsche und Bedürfnisse Rücksicht genommen wird.[140] Das Management sollte sich daher dessen bewusst sein, dass Vertrauen und eine emotionale Bindung sich langsam entwickeln, aber sehr schnell zerstört werden kön-

[133] Vgl. Schumacher, 2010, S. 127
[134] Vgl. Schumacher, 2010, S. 127
[135] Vgl. Schumacher, 2010, S. 127
[136] Vgl. Schumacher, 2010, S. 127
[137] Vgl. Böhm, 2008, S. 187f.
[138] Vgl. Schumacher, 2010, S. 127
[139] Vgl. Hametner, 2011, S. 28; Schumacher, 2010, S. 127
[140] Vgl. Bröckermann / Pepels, 2004, S. 114f.

nen.[141] Aus diesem Grunde sollte ein sensibler Umgang mit diesen wertvollen Ressourcen unbedingt gepflegt werden.

Nicht außer Acht gelassen werden sollten, die sog. *„individuellen Einflussfaktoren"*, wie *Szebel-Habig* sie bezeichnet, die die Entscheidung der Angestellten bestimmen, die Organisation zu verlassen. Dazu zählt vor allem die private Situation, wie z.B. Heirat, Berufs- und Ortswechsel des Partners oder Todesfall in der Familie. Solche Umstände führen häufig dazu, dass ein Arbeitnehmer kündigen muss. (vgl. Szebel-Habig, 2004, S. 70)

Zusammenfassend lässt sich sagen, dass die Entscheidung eines MA, im UN zu bleiben oder es zu verlassen, vor allem von der Bindung *(oder ihrem Fehlen)* abhängt. Für die affektive Bindung und Identifikation mit der Organisation ist in erster Linie das Verhältnis zu Vorgesetzten, zu Kollegen und zur Unternehmensführung von signifikanter Bedeutung. (vgl. Abschnitt 3.3)

3.4 Ausgewählte Bindungsfaktoren

Mit Hilfe von immateriellen und materiellen Anreizen lässt sich eine Fülle denkbarer Bindungsstrategien zusammenstellen, um eine Bleibemotivation im Mitarbeiterkreis entfalten zu können. Dieser Abschnitt behandelt einen der wichtigsten Bindungsfaktoren, die die Bindung der MA beeinflussen.

3.4.1 Immaterielle Anreize

3.4.1.1 Gutes Betriebsklima

Insbesondere für junge Schlüsselmitarbeiter spielt das Arbeitsumfeld bei der Bindung eine wesentliche Rolle, weil sie die Arbeitsstätte als ein Stück Heimat sehen.[142] Das Arbeitsumfeld wird hauptsächlich durch das Betriebsklima beeinflusst, das eng mit der Unternehmenskultur verbunden ist, von dieser aber an dieser Stelle abzugrenzen ist.[143] Auf den Bestimmungsfaktor *„Unternehmenskultur"* wird im Abschnitt 3.4.1.2 näher eingegangen.

---

[141] Vgl. Dehner, 2010, S. 105.f
[142] Vgl. Gertz, 2004, S. 20
[143] Vgl. Bröckermann / Pepels, 2004, S. 118

Das Betriebsklima ergibt sich aus der Erfüllung der persönlichen Erwartungen und Bedürfnisse und spiegelt die im UN herrschende Stimmung wider. Die Gestaltung der sozialen Beziehungen spielt hierbei eine wichtige Rolle. Faktoren die für ein gutes Betriebsklima sorgen, sind: Teamgeist, selbstständiges Arbeiten, Anerkennung durch den Vorgesetzten, Kooperation der Kollegen und eine gerechte Aufteilung der Aufgaben. Negativ beeinflusst wird das Betriebsklima durch Intrigen, das Anschwärzen beim Vorgesetzten, fehlende Anerkennung und einen missgelaunten Vorgesetzten. Bei der Betrachtung der einzelnen Faktoren wird deutlich, dass der Umgang miteinander eine zentrale Bedeutung für ein gutes Betriebsklima hat. Dies gilt sowohl für die vertikalen sozialen Beziehungen zwischen Vorgesetzten und MA als auch für die horizontalen Beziehungen der MA untereinander, wie bspw. in Arbeitsteams und -gruppen. (vgl. Bröckermann / Pepels, 2004, S. 118 f.)

Die Auswirkungen eines guten oder schlechten Betriebsklimas sind zahlreich. Hauptsächlich zu nennen sind:[144]

- Die allg. Einstellung des Mitarbeiters zum Betrieb
- Das Verhalten des Mitarbeiters gegenüber Vorgesetzten und Arbeitskollegen
- Die Arbeits- und Leistungsbereitschaft des Mitarbeiters
- Die pünktliche Erscheinung zur Arbeit
- Die Leistungskurve des Mitarbeiters

Es wird schnell deutlich, dass es sich bei dem Betriebsklima um ein komplexes und sensibles Thema handelt. Bei dem auch der wirtschaftliche Erfolg eines UN beeinflusst wird. Das Betriebsklima lässt sich nicht unmittelbar ändern.[145] So verbessert das Ausrichten der jährlichen Betriebsfeier oder das regelmäßige Abteilungsfrühstück nicht das Klima, wenn eine allgemeine Disharmonie vorherrscht.[146] Vielmehr kommt dem Verhalten der Führungskräfte, insbesondere dem des Top-Managements eine zentrale Rolle zu.[147] Trifft das Top-Management konstante Entscheidungen, wird ein partnerschaftliches und zukunftsorientiertes Verhalten verkörpert und ist die Zusammenarbeit der Führungskräfte untereinander durch Kooperation geprägt, hat dies i.d.R. positive Ausstrahlungseffekte auf die Mitarbeiter.[148] *Bertrand* führt dazu ergänzend aus: *„Die Führungskultur prägt das Arbeitsklima in einem Unternehmen wie*

[144] Vgl. Haberkorn, 2002, S. 251
[145] Vgl. Gertz, 2004, S. 20
[146] Vgl. Jaeger, 2006, S. 40
[147] Vgl. Loffing, 2010, S. 54
[148] Vgl. Jaeger, 2006, S. 41

kein anderer Faktor"[149]. Demgemäß sollten die Führungskräfte ihrer Verantwortung nachkommen und durch ihr Verhalten sowie durch ihre Führungswirkung, die Standards für zwischenmenschliche Beziehungen und die Art der innerbetrieblichen Kommunikation setzen und vorleben. Weichen MA davon ab, gilt es, korrigierend einzugreifen. In diesem Zusammenhang wird deutlich, welche immens wichtige Rolle die kontinuierlich gelebte Führungsverantwortung spielt.

3.4.1.2 Unternehmenskultur

„*Wer nach außen glänzen will, muss auch innen strahlen*" [150]. Mit diesem Zitat umschreiben *Schumacher & Geschwill* das Prinzip der Unternehmenskultur.

Die Unternehmenskultur bzw. Organisationskultur bezeichnet die Grundgesamtheit gemeinsamer Werte, Normen und Einstellungen, welche die Entscheidungen, die Handlungen und das Verhalten der Organisationsmitglieder prägen.[151] Nach *Knoblauch* hat ein UN nur dann Bindungserfolge bei MA, wenn es ihm gelingt, eine Kultur zu entwickeln, die auch immaterielle Leistungen wie Kreativität, Vertrauen, Ehrlichkeit, Leistungsbereitschaft und Flexibilität in den Vordergrund stellt.[152] Ferner wird die Kultur eines UN als Basis für eine bessere Bindung der Leistungsträger angesehen und ist somit die tragende Säule von Mitarbeiterbindungsprogrammen.[153]

Wird die Unternehmenskultur von einem MA vorgelebt, bietet sie diesem Orientierung und Sicherheit aber auch, wie *Bröckermann & Pepels* es in ihrer Arbeit beschreiben, das Gefühl der Geborgenheit und Zugehörigkeit.[154] Dies fördert zugleich die Identifikation mit dem Arbeitgeber und die im Abschnitt 3.2 beschriebene affektive Bindung.[155] Um auch in schwierigen Zeiten (z.B. Zeiten von Kündigungen, schlechte Stimmung/Arbeitsklima usw.) die Leistungsträger halten zu können, ist ein stabiler Kern im UN umso wichtiger.[156] Primäre tragende Säule einer Organisationskultur ist das Entgegenbringen von Wertschätzung, Anerkennung und Respektierung der MA und das ihnen erwiesene Vertrauen.[157] *Knoblauch* bspw. stellt

[149] Bertrand (2004) in: Bröckermann / Pepels, 2004, S. 275
[150] Schumacher / Geschwill, 2009, S. 47
[151] Vgl. http://wirtschaftslexikon.gabler.de/Definition/unternehmenskultur.html#erklaerung [Abgerufen 17.09.2013]
[152] Vgl. Knoblauch, 2004, S. 114
[153] Vgl. Rosner / Müller, 2010, S. 154; Jaeger, 2006, S. 75
[154] Vgl. Bröckermann / Pepels, 2004, S. 114
[155] Vgl. Loffing, 2010, S. 44f.; Jaeger, 2006, S. 79
[156] Vgl. Bröckermann / Pepels, 2004, S. 114
[157] Vgl. Bröckermann / Pepels, 2004, S. 114

Vertrauen als einen zentralen Aspekt der Unternehmenskultur dar und begründet dies mit den Funktionen der Unsicherheitsreduktion und Angstvermeidung sowie der Förderung der Zusammenarbeit.[158] Eine der gängigsten Möglichkeiten, jemandem sein Vertrauen zu signalisieren, ist die Übertragung von Verantwortung.[159] Sobald man das Vertrauen seiner MA gewonnen hat, ist es wichtig, dass es regelmäßig durch Gesten, Zusprüche oder Hilfestellungen mitgeteilt wird.[160] Denn nur so wird ein MA zu Leistungen befähigt, die ohne Vertrauen undenkbar wären.[161]

Zu beachten ist, dass die Entwicklung einer Unternehmenskultur keinesfalls kurzfristig durch eine Reihe von Einzelmaßnahmen erfolgen kann.[162] Darüber hinaus sollte die Unternehmenskultur kein Lippenbekenntnis sein, sondern muss gelebt werden. Nur derjenige, der die kulturellen Ausprägungen lebt, hat auch die Chance, in ihr zu bestehen und langfristig zu verweilen. Des Weiteren gilt es, die Kultur eines UN attraktiv für die Marktteilnehmer zu gestalten, weil sie das erste Kontaktelement zu den Kunden, Lieferanten und künftigen MA bildet. (vgl. Jaeger, 2006, S. 79)

Schließlich lässt sich festhalten, dass die Unternehmenskultur sowohl nach außen als auch nach innen wirksam ist. Nach außen beeinflusst sie die Wahrnehmung der Einrichtung bei Kunden, Lieferanten, potenziellen MA, Konkurrenten etc., und nach innen trägt sie maßgeblich zu dem beruflichen (Er)Leben der Angestellten in der Einrichtung, im Team, unter Vorgesetzten etc. bei.[163] Somit wird auch der Erfolg eines UN von der jeweiligen Unternehmungskultur beeinflusst.[164]

3.4.1.3 Führung

Das Führungsverhalten der Vorgesetzten beeinflusst und prägt nicht nur mittelbar das Betriebsklima, es ist auch ein wichtiges direktes Instrument zur Bindung von Leistungsträgern. Die Führungskraft gibt Orientierung, lässt Wertschätzung erleben und unterstützt die gelebte sowie erlebte Unternehmenskultur. (vgl. Bertrand in: Bröckermann / Pepels, 2004, S. 275)

[158] Vgl. Knoblauch, 2004, S. 114 f.
[159] Vgl. Jaeger, 2006, S. 78
[160] Vgl. Jaeger, 2006, S. 78
[161] Vgl. Bröckermann / Pepels, 2004, S. 114
[162] Vgl. Wunderer, 2009, S. 157 f.
[163] Vgl. Rosner / Müller, 2010, S. 158
[164] Vgl. Wunderer, 2009, S. 154

Im Rahmen der Orientierung sorgt die Führung dafür, dass die gemeinsamen Unternehmensziele erreicht werden. [165] Diese Ziele müssen realistisch und klar definiert sein, und dürfen die Leistungsträger weder unter- noch überfordern.[166] Außerdem sollten die MA diese auch akzeptieren.[167] Laut *Muck* wird die Leistung von Angestellten von zwei Faktoren stark beeinflusst: Erstens durch die zwischenmenschlichen Beziehungen zwischen MA und Führungskraft und zweitens durch die Ziele, die zwischen Mitarbeiter und Führungskraft vereinbart werden.[168] Ein praktisches Umsetzungsinstrument hierfür ist das *„Management by Objektive"*. [169] Im Rahmen des Managements by Objektives vereinbart der Vorgesetzte mit seinen MA gemeinsame intersubjektiv messbare Ziele, die aus den übergeordneten Unternehmenszielen abgeleitet sind.[170] Im weiteren Verlauf verfolgt der MA seine Ziele eigenständig, ohne dass der Vorgesetzte Aufgaben ständig vorgibt.[171] Die Führungskraft sorgt lediglich dafür, dass die zur Zielerreichung notwendigen Mittel zur Verfügung stehen.[172] Somit bekommt der MA die Möglichkeit, selbstständig und eigenverantwortlich zu arbeiten, was als Prämisse besonders für die Bindung der Leistungsträger eine große Rolle spielt.[173] Um die Bindung der Leistungsträger zu erhöhen, schlägt *Loffing* vor, dass die Vorgesetzten die Arbeit der MA loben sollten und ihre individuellen Leistungen anerkennen und wertschätzen.[174] Er fügt hinzu, dass man allein durch Anerkennung und Wertschätzung das Engagement, die Leistung, die Identifikation mit dem UN sowie die Motivation der MA fördern kann.[175] Und das, ohne viel Geld in die MA-Bindung investieren zu müssen. Weiterhin argumentiert *Loffing*, dass ein MA nach Erreichen seiner Ziele nur dann zufrieden ist, wenn er irgendeine Art von Belohnung erfährt.[176] Vor allem rät er zu regelmäßigen Feedbackgesprächen, da dort der Fortschritt und die Zielerreichung bei den einzelnen Aufgaben thematisiert werden können.[177] Und im Rahmen dieser Gespräche kann der Vorgesetzte auch seine Wertschätzung und Anerkennung

---

[165] Vgl. Loffing, 2010, S. 150
[166] Vgl. Rosner / Müller, 2010, S. 189; Loffing, 2010, S. 150
[167] Vgl. Rosner / Müller, 2010, S. 189
[168] Vgl. Muck (2007) in: Loffing, 2010, S. 150
[169] Vgl. Wunderer, 2009, S. 6
[170] Vgl. http://wirtschaftslexikon.gabler.de/Definition/management-by-objectives.html [Abgerufen 17.09.2013]
[171] Vgl. Loffing, 2010, S. 150
[172] Vgl. Loffing, 2010, S. 150
[173] Vgl. Wunderer, 2009, S. 5
[174] Vgl. Loffing, 2010, S. 147
[175] Vgl. Loffing, 2010, S. 147
[176] Vgl. Loffing, 2010, S. 150
[177] Vgl. Loffing, 2010, S. 150

für die geleistete Arbeit äußern.[178] Außerdem sind regelmäßige Feedbackgespräche hilfreich, um etwaige Unzufriedenheitsfaktoren bei Leistungsträger zu identifizieren.[179]

Eine weitere Vorgehensweise, einen Leistungsträger stärker an das UN zu binden, ist regelmäßiges und strukturiertes Coaching.[180] Coaching ist eine in Deutschland relativ neue Form der *„Mitarbeiterführung"*, bei der als Handlungsregulativ objektives, konstruktives Feedback gegeben wird.[181] Als Coach bietet sich entweder der direkte Vorgesetzte, eine erfahrene Führungskraft aus einem anderen Bereich des UN oder ein externer Berater an.[182] In Form einer personenbezogenen Einzelberatung wird versucht, gemeinsam Probleme aufzuzeigen, Handlungsalternativen zu entwickeln und etwaige Konsequenzen zu diskutieren. Anschließend werden die vom Leistungsträger durchgeführten Maßnahmen in den einzelnen Coaching-Sitzungen diskutiert und bewertet. Zielsetzung ist, dem Leistungsträger zu einem erweiterten Verhaltensrepertoire zu verhelfen. Darüberhinaus kann man mit Unterstützung von Coachings die Selbstwirksamkeit[183] einer Person deutlich verbessern. Diese Investition kann zur nachhaltigen Verbesserung in der Führung und Bindung der Leistungsträger mit sich bringen. (vgl. Bröckermann / Pepels, 2004, S. 121; Loffing, 2010, S. 146)

Die Verbesserung des Führungsverhaltens der unmittelbaren Vorgesetzten bis hin zur Spitze des UN stellt somit die wirksamste aller hierauf zielenden Maßnahmen und ist zugleich die kostengünstigste Bindungsmaßnahme (vgl. Abschnitt 3.3 und 3.4). Nicht zu vergessen sei hierbei, dass die Führungskräfte als Vorbilder angesehen und von Leistungsträgern intensiv beobachtet werden. Aus diesem Grund sollten sie aus der Mitarbeiterperspektive fair sein und ihre MA aktiv in das Geschehen einbeziehen. Des Weiteren sollte die Führungskraft, laut *Loffing*, authentisch sein und auch auf kritische Anmerkungen souverän, im Sinne der Unternehmenskultur, Stellung beziehen können. Somit bildet auch dieser Bindungsfaktor einen wichtigen Grundstein auf dem Weg zu einer stabileren MA-Bindung. (vgl. Loffing, 2010, S. 53)

---

178 Vgl. Rosner / Müller, 2010, S. 189f.
179 Vgl. Loffing, 2010, S. 151
180 Vgl. Bröckermann / Pepels, 2004, S. 120
181 Vgl. Wunderer, 2009, S. 14; Bröckermann / Pepels, 2004, S. 120
182 Vgl. Loffing, 2010, S. 146; Bröckermann / Pepels, 2004, S. 121
183 ausführliche Erläuterung des Begriffs „Selbstwirksamkeit" siehe Begriffserklärungen auf Seite 86

3.4.2 Materielle Anreize

3.4.2.1 Honorierung und Vergütung

In Studien wird immer wieder belegt, dass die Höhe der Vergütung nicht mehr als der Haupttreiber der MA-Bindung dient (vgl. Abschnitt 3.3 und 3.4). Vielmehr gehe es darum, wie es um die faire Festlegung für die individuelle Vergütung des Einzelnen bestimmt ist.[184] Denn der MA stellt sich immer wieder die Frage: Verdiene ich mehr oder weniger als andere, die mit mir vergleichbar sind?[185] Nach *Bröckermann & Pepels* gibt es unterschiedliche Gesichtspunkte, nach welchen sich der MA vergleicht. Zu nennen sind die Art der Ausbildung, die Leistung oder die Dauer der Betriebszugehörigkeit.[186] Entsprechend der Theorie von *Herzberg* kann daraus das folgende Fazit gezogen werden: Das Geld beseitigt zwar die Unzufriedenheit, wenn es leistungsbezogen gezahlt wird, aber ein Grundgehalt alleine reicht nicht aus, um Arbeitsmotivation zu generieren. Ferner ist *Herzberg* der Ansicht, dass ein als gerecht empfundenes Gehalt auf die Dauer als selbstverständlich hingenommen wird und dass die Vergütung lediglich dazu dient, um negative Konsequenzen zu verhindern. (vgl. Abschnitt 2.3)

So liegt die Wichtigkeit des Gehalts z.B. in einer Umfrage der *Towers Perrin 2007* (vgl. Abb.7), wo *„Faire Vergütung im Vergleich zu Kollegen"* in Deutschland auf Platz drei rangiert, noch hinter ausreichender Entscheidungsfreiheit und Ruf des UN (vgl. Abb.7). Auch die aktuelle Studie von *Global Workforce 2012* (vgl. Abb. 8) bestätigt, dass in Deutschland ein angemessenes und faires Grundgehalt bei der Bindung der Leistungsträger eine herausragende Rolle spielt.[187] Auf der Prioritätsliste der Top-Performer steht ein faires Grundgehalt auf Platz drei und bei den High-Potentials auf Platz zwei (vgl. Abb. 8). Somit kann man davon ausgehen, dass ein angemessenes und faires Grundgehalt als ein relevanter Bindungsfaktor betrachtet werden kann, um Leistungsträger an das UN zu binden.

Allein schon um MA-Unzufriedenheit zu vermeiden, muss die Vergütung gerecht sein. Denn laut *Kempten* setzen die Beschäftigten aus ihrer subjektiven Sicht, die Anreize des UN zu ihren Beiträgen ins Verhältnis zwischen ihrem Aufwand und ihrem Ertrag. *Kempten* erklärt, wenn das UN ihnen wenige oder mangelhafte Anreize bietet, so werden sie ihre Beiträge

[184] Vgl. http://www.munichre.com/corporate responsibility/de/management/employees/remuneration/default.aspx [Abgerufen 17.09.2013]
[185] Vgl. Bröckermann / Pepels, 2004, S. 121
[186] Vgl. Bröckermann / Pepels, 2004, S. 121
[187] Vgl. Global Workforce, 20012, S. 14

ebenso gering ansetzen. Ferner fügt er hinzu, wenn sich die Beschäftigten im Vergleich zu anderen benachteiligt fühlen, dass sich schnell eine MA-Unzufriedenheit entwickelt, die zu einer inneren oder tatsächlichen Kündigung führen kann. (vgl. Kempten, 2003, S. 375)

Auch die Erhöhung des Gehalts verdient besondere Aufmerksamkeit. Nach *Knoblauch* sollten die Gehaltserhöhungen stets vom UN ausgehen. Ansonsten werden Gehaltserhöhungen, wenn sie wie bei Tariferhöhungen routinemäßig erfolgen, psychologisch kaum positiv wirksam sein. Daher sollte die Führungskraft den MA immer sagen, weshalb es zu dieser Verbesserung kam. Als Beispiel wären hier zu nennen: sehr gute Leistung, auffallende Zuverlässigkeit oder langejährige Betriebstreue. Dadurch verstärkt man eine erwünschte Verhaltensweise durch eine „Belohnung", so *Knoblauch.* (vgl. Knoblauch in: Bröckermann / Pepels, 2004, S. 112)

Aufgrund dieser Erkenntnisse spielt Geld eine wichtige Rolle, jedoch nicht die wichtigste. Wenn die Angestellten unzufrieden sind, hilft auch der monetäre Weg nicht mehr weiter. So lautet eine Überschrift in einer Fachzeitschrift: *„Geld versagt beim Binden von Mitarbeitern"* [188]. Aufgrund dieser Aussage muss die Bindung der MA zweifellos auch in anderen wirksamen Bereichen stattfinden. Denn die Aussage: *„Wer für Geld kommt, geht auch für Geld!"* [189] trifft sicherlich oft zu. Da das Gehalt ein Zufriedenheitsfaktor ist, darf die Honorierung und Vergütung als Basiselement dennoch nicht außer Acht gelassen werden.[190]

[188] Vgl. Gloger, 2001, Seite 95
[189] http://www.cio.de/it_berater/nachrichten/857059/ [Abgerufen 17.09.2013]
[190] Vgl. Rossenstiel, 1999, S. 231 u.a. auch Knoblauch, 2004, S 112

Top-10-Treiber für Mitarbeiterbindung	Rang Deutschland	Rang Europa
Ruf des Unternehmens als guter Arbeitgeber	1	1
Ausreichende Entscheidungsfreiheit	2	-
Faire Vergütung im Vergleich zu Kollegen	3	10
Innovatives Unternehmen	4	-
Gutes Trainingsangebot im Vergleich zu anderen Unternehmen	5	5
Zufriedenheit mit den Personalentscheidungen des Unternehmens	6	3
Positiver Einfluss von Technologie auf die Work/Life Balance	7	-
Klare Vision der Unternehmensleitung für langfristigen Erfolg	8	-
Einfluss auf Entscheidungsprozesse im eigenen Bereich	9	-
Zufriedenheit mit den Geschäftsentscheidungen des Unternehmens	10	-

Vergütung
Lern- und Entwicklungsmöglichkeiten
Nebenleistungen

Abbildung 7: Top 10 Treiber für Mitarbeiterbindung – Vergleich zwischen Deutschland und Europa (Quelle: Towers Perrin Global Workforce, 2007, S. 16)

Top-Treiber für Mitarbeiterbindung	alle	Top-Performer	High-Potentials
Grundgehalt	1	3	2
Chancen, meine Karriere voranzutreiben	2	2	1
Sicherheit des Arbeitsplatzes	3	6	–
Vertrauen zu Top-Management	4	1	3
Arbeitsumfeld	5	5	4
Möglichkeit, arbeitsbezogenen Stress zu begrenzen	6	4	–
Bequem zu erreichender Arbeitsort	7	9	6
Beziehung zum direkten Vorgesetzten	8	–	–
Herausfordernde Arbeit	9	–	9
Flexible Arbeitseinteilung	10	–	8
Hohes Maß an Eigenständigkeit am Arbeitsplatz	–	7	–
Ruf des Unternehmens als ausgezeichneter Arbeitgeber	–	8	5
Kompetenz der Kollegen	–	10	–
Chancen, neue Fertigkeiten zu lernen	–	–	7
Langfristige Anreize (z. B. Aktienprämien)	–	–	10

Abbildung 8: Top 10 Treiber für Mitarbeiterbindung – differenziert nach Top-Performern und High-Potentials
(Quelle: Global Workforce, 20012, S. 15)

3.4.2.2 Sonderprämien

Unter Sonderprämien fällt im Zusammenhang der MA-Bindung insbesondere der sog. *„Retantion-Bonus"*.[191] Bei Sonderprämien handelt es sich um nicht planbare, einmalige und für herausragende Leistungen vergebene Zuwendungen, die zusätzlich zum Grundgehalt gezahlt werden.[192] Zu diesen einmaligen Sonderzahlungen werden z.B. ein 13. Monatsgehalt, tarifliches Weihnachtsgeld oder auch zusätzliche Urlaubsvergütung gezählt.[193] Der Zweck der Sonderprämie besteht darin, spontane Anerkennung und Wertschätzung zu äußern und den Entscheidungsspielraum und die Spontanität der Führungskräfte zu vergrößern.[194] Beispielsweise erhalten die MA von *Schenker AG (Logistikdienstleister)* nach vier Jahren Betriebszugehörigkeit eine Prämie, die zusätzlich zum Grundgehalt gezahlt wird. Ähnlich ist es auch bei *Bosch (Hausgerätehersteller)*, indem wichtige indische Mitarbeitergruppen ab dem dritten Jahr der Betriebszugehörigkeit mit einem 15 % großen Anteil am Basisgehalt belohnt werden. Damit möchten die UN die Betriebstreue ihrer MA direkt beeinflussen und belohnen. (vgl. Süß, 2009, S. 81)

3.4.2.3 Sozial- und Zusatzleistungen

Unter Sozial- und Zusatzleistungen fallen all diejenigen Einkommenselemente, welche nicht in Form von Geld und unabhängig von Unternehmenserfolg oder der individuellen Leistung freiwillig erbracht werden.[195] Zu den Sozial- und Zusatzleistungen zählen bspw. Altersvorsorge, zinsloses bzw. zinsgünstiges Darlehen zum Kauf von Wohnungen, Übernahme von Kinderbetreuungskosten, firmeneigenen Fitnessstudios sowie Einkaufsrabatte.[196] Laut *Süß* können sich diese Zusatzleistungen positiv auf die MA-Bindung auswirken.[197] Denn bei der Gestaltung der Zusatzleistungen handelt es sich nicht nur um Gegenstände, die dem MA alleine zu Gute kommen, sondern auch seiner ganzen Familie.[198] So stärkt und fördert bspw.

---

[191] Vgl. Süß, 2009, S. 81
[192] Vgl. Uschatz, 1991, S. 59 f.
[193] Vgl. Bröckermann / Pepels, 2004, S. 127
[194] Vgl. Uschatz, 1991, S. 59 f.
[195] Vgl. Süß, 2009, S. 81
[196] Vgl. Süß, 2009, S. 81; http://www.steuerberatung-hst.de/steuern-formulare/formulare-pdf/Zusatzleistungen-Arbeitgeber-2012.pdf [Abgerufen 17.09.2013]
[197] Vgl. Süß, 2009, S. 81 f.
[198] Vgl. Süß, 2009, S. 81 f.

der weltgrößte *Chemiekonzern BASF* die Bindung zu seiner Leistungsträger und die derer gesamten Familien, indem es ihnen flexible Arbeitszeiten und Kinderbetreuung gewährt.[199]

3.4.3 Zusammenfassung: immaterielle und materielle Anreize

Süß warnt davor, dass die materiellen Anreize Gefahren mit sich bringen, obwohl sie eine große Bedeutung für die Bindung von Leistungsträgern aufweisen. Das Problem sei, wie *Süß* es beschreibt, dass viele Leistungsträger materielle Anreize als die einzig entscheidenden Bindungskräfte für das UN einstufen würden.[200] Das würde nämlich dazu führen, dass die immateriellen Faktoren folglich vernachlässigt werden.[201] Nach *Süß* eignen sich die materiellen Anreize für die Gewinnung neuer MA und weniger für die MA-Bindung.[202] Auch andere Autoren kritisieren die materiellen Aspekte zur Bindung von hoch qualifizierten MA. Diese Meinung vertritt beispielsweise *Achenbach*, denn er behauptet, dass man mit materiellen Anreizen weder starke emotionale Bindung zum UN schaffen, noch etwas an den Grundeinstellungen von Leistungsträgern gegenüber ihrer Arbeit ändern kann.[203] Er argumentiert, dass eine Entlohnung sich nur kurzfristig positiv auf die Motivation der Leistungsträger auswirkt.[204] Auch *Schiedt* steht den materiellen Anreizen zur Bindung der Leistungsträger eher skeptisch gegenüber und argumentiert wie folgt: *„Materielle Instrumente wie Geld, Firmenwagen oder Bonusregelungen sind zwar Anreize, aber keine Bindungselemente“*[205].

Die Methode, Leistungsträger ausschließlich auf dem materiellen Wege zu halten, sieht *Achenbach* als ungeeignet und empfiehlt daher, verstärkt die immateriellen Anreize zur Bindung von Leistungsträger zu verwenden.[206] *Knoblauch* komplettiert: Um Top MA längerfristig halten zu können, müssen UN immaterielle und materielle Anreize optimal kombinieren.[207] Demnach gilt es, immaterielle und materielle Anreize situationsgerecht zu dosieren und zu kombinieren, um die Leistungsträger auf längere Zeit zu binden und gleichzeitig die Wettbewerbsfähigkeit zu verbessern, wie auch den Unternehmenserfolg langfristig zu sichern.

---

199 Vgl. http://www.antenne.de/BASF-will-Standort-Ludwigshafen-weiter-staerken__aktionen_468487_radio.html [Abgerufen 17.09.2013]
200 Vgl. Süß, 2009, S. 81 f.
201 Vgl. Süß, 2009, S. 81 f.
202 Vgl. Süß, 2009, S. 81 f.
203 Vgl. Achenbach, 2003, S. 123
204 Vgl. Achenbach, 2003, S. 123
205 Vgl. Achenbach, 2003, S. 123
206 Schiedt, 2003, S. 55 f.
207 Vgl. Knoblauch, 2013, S. 264 f.

4. Zusammenhang zwischen Mitarbeiterzufriedenheit und Mitarbeiterbindung

In diesem Kapitel wird diskutiert, wie wichtig die MA-Zufriedenheit für die MA-Bindung ist und ob überhaupt ein Zusammenhang zwischen den beiden Konstrukten besteht. Um dies feststellen zu können, werden sowohl theoretische Ansätze als auch empirische Forschungsergebnisse zu Hilfe genommen.

4.1 Die Relevanz der Mitarbeiterzufriedenheit für die Mitarbeiterbindung

„Die Zufriedenheit des Mitarbeiters ist ein zentraler Faktor für die Mitarbeiterbindung"[208], so argumentiert *Wolf* in seiner neuesten Arbeit. Er begründet seine Aussage damit, dass man allein durch die hohe MA-Zufriedenheit ungewollte Fluktuation senken, und durch die Mitarbeiterbegeisterung sogar ganz verhindern kann.[209] Nach *Pepels* gibt es vor allem drei Gründe, weshalb die Schlüsselmitarbeiter das UN verlassen. Diese sind: [210]

1. Änderung des Lebensumfeldes
2. Suche nach Abwechslung *(Variety Seeking)*
3. Unzufriedenheit am Arbeitsplatz

Unzufriedenheit am Arbeitsplatz sieht *Pepels* als einen entscheidenden Störfaktor.[211] Er geht davon aus, dass unzufriedene potenzialstarke MA ihre Fähigkeiten dem Arbeitgeber nicht mehr im vollen Umfang zur Verfügung stellen.[212] Eine solche Verhaltensweise könnte unter Umständen zur sinkenden Wettbewerbsfähigkeit führen, was den wirtschaftlichen Erfolg eines UN negativ beeinflussen würde. Auch *Loffing* ist der Ansicht, dass Unzufriedenheit am Arbeitsplatz – aus der Mitarbeiterperspektive – ein wichtiger Grund zur Kündigung ist.[213] Er warnt den Arbeitgeber davor, keinesfalls das Gewicht von Zufriedenheit bzw. Unzufriedenheit am Arbeitslatz zu unterschätzen.[214] Ferner behauptet *Bröckermann*, dass zufriedene MA keine oder weniger Anreize verspüren, ihr UN zu wechseln, als unzufriedene. Er betrachtet die *„Zufriedenheit"* als eine notwendige Voraussetzung für jede MA-Bindung. Nach *Brö-*

---

[208] Vgl. Wolf, 2013, S. 225
[209] Vgl. Wolf, 2013, S. 225
[210] Vgl. Pepels, 2004, S. 52 f.
[211] Vgl. Pepels, 2004, S. 52 f.
[212] Vgl. Pepels, 2004, S. 52 f.
[213] Vgl. Loffing, 2010, S. 16
[214] Vgl. Loffing, 2010, S. 16

ckermann sorgt die Zufriedenheit nicht nur für die sinkende Fluktuationsrate, sondern stärkt und erhöht gleichzeitig die MA-Bindung. Fasst man die einzelnen Aussagen der oben zitierten Autoren zusammen, so wird ersichtlich, welche ausgesprochen hohe Bedeutung die MA-Zufriedenheit für die MA-Bindung hat. (vgl. Bröckermann, 2004, S. 20)

4.2 Die Relation von Mitarbeiterbindung und Mitarbeiterzufriedenheit

Zu diesem Thema stellen *Felfe* & *Six* fest, dass die MA-Zufriedenheit und MA-Bindung sowohl Gemeinsamkeiten als auch Unterschiede in der Theorie aufweisen. Der Unterschied liegt darin, dass ein MA sich mit dem UN nicht automatisch verbunden fühlt, wenn er zufrieden ist. Ein zufriedener, aber nicht gebundener Mitarbeiter würde das UN verlassen, sobald sich eine attraktive Gelegenheit bietet. Und umgekehrt: MA, die sich an ihre Organisation gebunden fühlen und ihr treu bleiben, können aufgrund schlechter Bedienungen mit vielen Dingen unzufrieden sein. Gründe dafür können vielfältig sein: Tradition, Identifikation, moralische Verpflichtung oder mangelnde Alternativen. Demgegenüber existiert auch eine Reihe theoretischer Gemeinsamkeiten. Beispielsweise spielt die Befriedigung unterschiedlicher emotionaler und materieller Bedürfnisse vor dem Hintergrund individueller Werte, Einstellungen und Ziele in beiden Konzepten eine primäre Rolle. Hinsichtlich der emotionalen Bewertungen haben MA-Zufriedenheit und MA-Bindung eine gemeinsame Basis. (vgl. Felfe, 2008, S. 154 f.)

In der Literatur wird von relativ hohen Zusammenhängen zwischen MA-Zufriedenheit und MA-Bindung berichtet. In einer empirischen Untersuchung ermittelt *Göbel* einen hohen Korrelationskoeffizienten[215] von 0,87 zwischen MA-Zufriedenheit und MA-Bindung. Des Weiteren ermittelten *Mathieu* & *Zajac* einen durchschnittlichen Zusammenhang zwischen allgemeiner MA-Zufriedenheit und organisationaler Bindung von p[216] = .53. Ferner konnten sie zwischen emotionaler und kollektiver Bindung unterscheiden: MA-Zufriedenheit korreliert mit der affektiven Bindung zu p = .69 und mit der kalkulativen – zu nur p = .23. Somit stellen *Mathieu* & *Zajac* fest, dass die affektive Bewertung eine gemeinsame Grundlage für MA-Bindung und MA-Zufriedenheit bildet. Auch die Ergebnisse von *Meyer et al.* bestätigen dieses Bild: sie berichten von einem ähnlich hohen Zusammenhang von p = .65 zwischen MA-Zufriedenheit und affektiver Bindung an die Organisation. Für die kalkulative Bindung konn-

---

[215] ausführliche Erläuterung des Begriffs „Korrelationskoeffizient" siehe Begriffserklärungen auf Seite 83
[216] ausführliche Erläuterung des Begriffs „Pfadkoeffizient" siehe Begriffserklärungen auf Seite 84

ten sie sogar negative Zusammenhänge zur MA-Zufriedenheit ermitteln. (vgl. Felfe, 2008, S. 155)

Da die Zusammenhänge in den verschiedenen Studien zum Teil erhebliche Abweichungen aufweisen, wurden zusätzlich Moderator-Analysen durchgeführt. Die Metaanalyse von *Cooper-Hakim & Viswesvaran (2005)* zeigt ebenfalls einen durchschnittlichen Zusammenhang von affektiver Bindung an die Organisation und allgemeiner MA-Zufriedenheit von p = .60. Für normative Bindung[217] wurde p = .36 ermittelt und für kalkulative Bindung – p = .12. (vgl. Felfe, 2008, S. 155 f.)

Um den Zusammenhang zwischen MA-Zufriedenheit und MA-Bindung noch besser zu verdeutlichen, haben *Meyer et al.* zusätzlich die MA-Bindung gegenüber dem Beruf bzw. der Tätigkeit analysiert. So fanden sie heraus, dass die affektive Bindung ggü. dem Beruf stärker mit der MA-Zufriedenheit korreliert als vergleichsweise mit der organisationalen Bindung. Somit beträgt der Zusammenhang zwischen MA-Zufriedenheit und berufsbezogener Bindung p = .63 und mit organisationaler Bindung p = .60. Laut der Studienergebnisse von *Meyer*, geht *Felfe* davon aus, dass die Bewertung der Arbeit selbst eine weitere Gemeinsamkeit von MA-Bindung und MA-Zufriedenheit darstellt. Auch in deutschen Organisationen zeigt sich ein ähnliches Bild. *Felfe et al.* fanden folgende Zusammenhänge mit globaler MA-Zufriedenheit: affektive Bindung (r = .42), kalkulative Bindung (r = -.02) normative Bindung (r = .26). Ebenfalls wurde ein vergleichsweise stärkerer Zusammenhang zwischen MA-Zufriedenheit und affektiver Bindung ggü. dem Beruf von r = .48 ermittelt. (vgl. Felfe, 2008, S. 156)

Bei der Untersuchung der Pfadkoeffizienten im Strukturmodell *(s. Abb. 9, S 47),* fanden *Bruhn & Grund* interessante Ergebnisse. So stellen sie fest, dass die beiden Variablen *„Arbeitsplatz und Arbeitsumfeld"* die wichtigste Determinante des Konstrukts *„Mitarbeiterzufriedenheit"* darstellen (p = 0,517). Die zweitwichtigste Determinante der MA-Zufriedenheit sind die beiden Variablen *„Führung und Organisation"* (p = 0,143). Den dritthöchsten Stellenwert erreichen die Variablen *„Klima und Vertrauen"* (p = 0,105). Als postulierte Determinante der MA-Zufriedenheit findet hingegen die Variable *„Wertschätzung als Person"* empirisch keine Bestätigung (p = 0,039). Auch bezüglich der Determinanten der MA-Bindung konnten *Bruhn & Grund* unterschiedlich starke Beziehungen identifizieren. Dabei werden die beiden Variablen *„Arbeitsplatz und Arbeitsumfeld"* erneut als der wichtigste Einflussfaktor für die MA-Bindung (p = 0,386) belegt. Die Variablen *„Klima und Vertrauen"* stellen die

[217] ausführliche Erläuterung des Begriffs „normative Bindung" siehe Begriffserklärungen auf Seite 81

zweitwichtigste Determinante der MA-Bindung dar (p = 0,184). Und die drittwichtigste Determinante der MA-Bindung bilden *„Mitarbeiterzufriedenheit"* sowie *„Führung und Organisation"* mit jeweils p = 0,128. Die Variable *„Wertschätzung als Person"* als postulierte Determinante der MA-Bindung konnte man auch in diesem Fall empirisch nicht nachweisen. (vgl. Bruhn / Grund (2008) in: Herrmann, 2008, S. 875 f.)

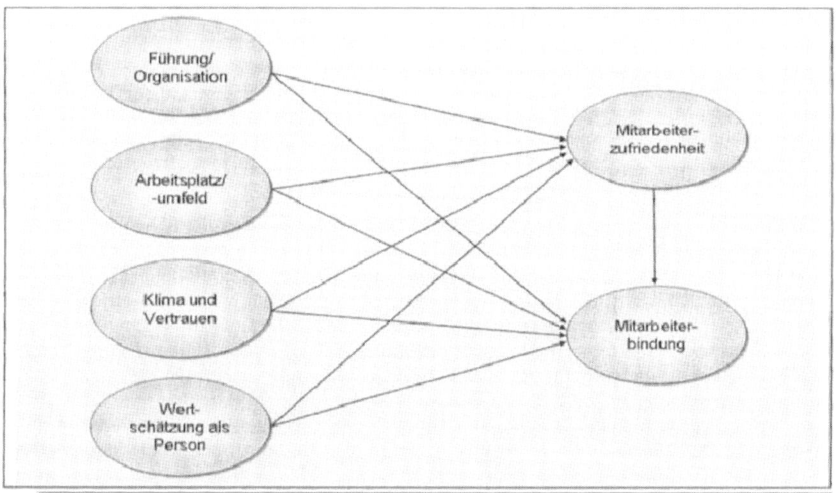

Abbildung 9: Strukturmodell zu den Zusammenhängen von Mitarbeiterzufriedenheit und Mitarbeiterbindung
(Quelle: Herrmann, Handbuch Marktforschung, 2008, S. 872)

4.3 Zusammenfassung

Insgesamt kann man davon ausgehen, dass eine starke Überschneidung zwischen MA-Zufriedenheit und affektiver Bindung herrscht. Die Resultate der Studien weisen einen hohen Zusammenhang auf und lassen sich auch anhand der in Deutschland durchgeführten Stichproben belegen. Insbesondere zeigen sich die Gemeinsamkeiten aus der affektiven Bewertung der Arbeit. Betrachtet man jedoch die Korrelation zwischen allgemeiner MA-Zufriedenheit und der normativen sowie kalkulativen Bindung, so stellt man einen schwachen Zusammenhang fest. *Mathieu & Zajac* deuten darauf hin, dass die Zusammenhänge zwischen beiden Konzepten nicht so hoch sind, sodass von vollständiger Redundanz gesprochen werden kann.[218] Des Weiteren bestätigen *Bruhn & Grund* den empirischen Zusammenhang zwischen

---

[218] Vgl. Felfe, 2008, S. 156

MA-Zufriedenheit und MA-Bindung, weisen aber dennoch daraufhin, dass die MA-Zufriedenheit hauptsächlich direkt durch drei Zufriedenheitsdeterminanten beeinflusst wird (vgl. Abschnitt 4.2). Dieses Ergebnis erklären sie wie folgt: *„aufgrund vertraglicher Regelungen oder mangels anderer Jobangebote sind Mitarbeitende ohnehin so stark an das Unternehmen gebunden, dass die Mitarbeiterzufriedenheit nicht unbedingt die Hauptdeterminante der Mitarbeiterbindung darstellt"*[219]. Abschließend lässt sich sagen, dass zwischen MA-Zufriedenheit und MA-Bindung sowohl in der Theorie als auch in der Praxis ein Zusammenhang besteht, wobei jedoch das Konstrukt *„Mitarbeiterzufriedenheit"* für die MA-Bindung keine endscheidende Rolle spielt und umgekehrt.

[219] Bruhn / Grund (2008) in: Herrmann, 2008, S. 876

5. Selektive Mitarbeiterbindung zur Sicherung der Wirtschaftlichkeit

Um eine effektive Vorgehensweise bei der MA-Bindung vornehmen zu können, werden in den folgenden Abschnitten 5.1 und 5.2 die beiden hierfür notwendigen Instrumente, das Performance-Potential-Portfolio und das Funktionsportfolio, vorgestellt. Diese Instrumente sollen zur Identifizierung der Zielgruppe dienen, damit das UN gezielt individuelle Maßnahmen zur Bindung von Leistungsträgern einsetzen kann.

5.1 Performance-Potential-Portfolio (PPP)

Unter dem *„Performance-Potential-Portfolio" (PPP)* bzw. *„Mitarbeiterportfolio"*, versteht man eine 4-Felder-Matrix (vgl. Abb. 10), die der Steuerung der Zu- und Abwanderung von Arbeitnehmern dient.[220] Dieses Portfolio lässt verschiedene Arten von Klassifizierungen zu und verschafft einen guten Überblick über die Qualifikationen der eigenen Mitarbeiter.[221] Bei dem PPP werden die MA nach Leistung und Potenzial differenziert.[222] Die Bewertung des Potenzials eines Arbeitnehmers setzt sich aus seiner Qualifikation, seinen fachlichen Kompetenzen, seinen fachübergreifenden Kompetenzen und seinen Führungskompetenzen zusammen.[223] Um die Bewertung erleichtern zu können, werden die Kompetenzen, z. B. in Methoden-, Sozial-, Persönlichkeits- und Fachkompetenz, gegliedert.[224] Ferner lassen sich die Fähigkeitspotenziale für die derzeitige, aber auch vorausschauend für die nächste Karrierestufe, mit Hilfe von strukturierten Fragebögen ermitteln.[225] Die individuelle Performance hingegen wird normalerweise durch den Erreichungsgrad der vereinbarten Leistungsziele erhoben.[226] Da die Performance den bisherigen Zustand beschreibt und die Potenzialbewertung weiterhin versucht, die zukünftigen Leistungsmöglichkeiten einzuschätzen, sollte man Performance und Potenzial sorgfältig auseinanderhalten.[227] Anschließend werden beide Werte in die 4-Felder-Matrix eingetragen und daraus resultieren sich 4 Gruppen: Armer Hund *(falsch eingesetztes*

220 Vgl. http://www.enzyklo.de/Begriff/Potential-Performance-Portfolio [Abgerufen 27.09.2013]
221 Vgl. Kolb, 2010, S. 520
222 Vgl. Loffing, 2010, S. 123; Kropp, 2001, S. 503
223 Vgl. Wolf, 2013, S. 213
224 Vgl. http://www.sabine-heins.de/user_files/datei_1353739373_15795.pdf [Abgerufen 28.09.2013]
225 Vgl. Loffing, 2010, S. 124; http://www.sabine-heins.de/user_files/datei_1353739373_15795.pdf [Abgerufen 28.09.2013]
226 Vgl. Wolf, 2013, S. 214
227 Vgl. Loffing, 2010, S. 124

Talent), Fragezeichen *(sich entwickelndes Talent),* Melkkuh *(Vorbild/Experte),* Star *(erstklassiges Talent).*[228]

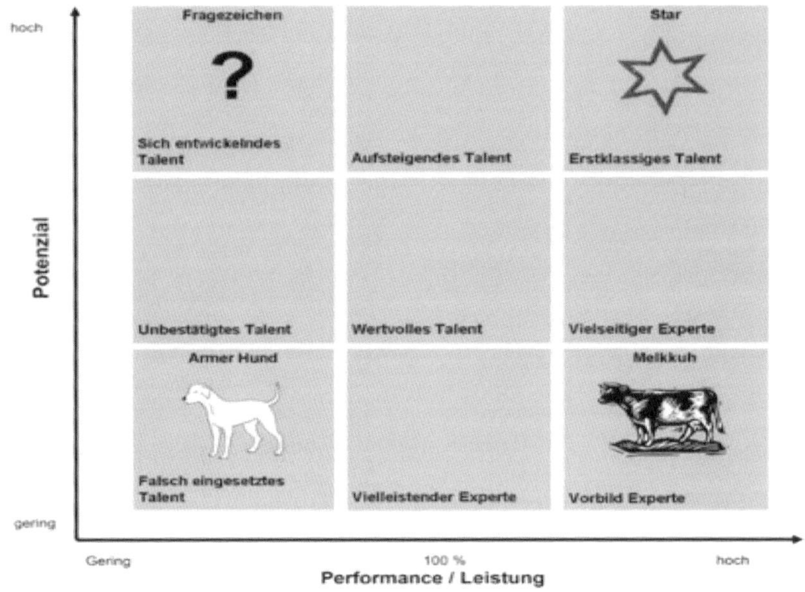

Abbildung 10: Potential-Performance-Portfolio (PPP) / Mitarbeiterportfolio (Quelle: http://www.sabine-heins.de/user_files/datei_1353739373_15795.pdf [Abgerufen 28.09.2013])

Die gewonnenen Daten der Beschäftigten werden als Kreise in ein Koordinatensystem (vgl. Abb. 11) mit den zwei Analysekriterien *„Potenzial"* und *„Performance"* zugeordnet. Für jede dieser Gruppen gelten nach *Wolf* spezifische Empfehlungen im Sinne des Mitarbeiterbindungsmanagements.[229]

Bindung von Talenten *(hohes Potenzial – niedrige Performance)* können laut *Wolf* insbesondere durch Freiräume und die Möglichkeit zur Übernahme von weitgehender Verantwortung gebunden und gleichzeitig motiviert werden.[230] Ferner sollten die Potenzialträger mit niedriger Leistung *(„Fragezeichen")* durch vertikale Karriereschritte zu mehr Leistung animiert werden.[231] Sofern der MA in der nächsten Karrierestufe seine Arbeitsaufgaben qualitativ gut erledigt, erhöht sich der Nutzen für das UN.[232] Falls nicht, fällt dieser in der nächsten Stufe in den Bereich *„Kein Einsatz von Bindungsmaßnahmen"*, was eine Trennung erleichtern kann, so *Wolf*.[233] Bei der Bindung von Hoch- und Höchstleistern bietet sich die Möglichkeit der

[228] Vgl. Abb. 10
[229] Vgl. Wolf, 2013, S. 215 f.
[230] Vgl. http://www.sabine-heins.de/user_files/datei_1353739373_15795.pdf [Abgerufen 28.09.2013]
[231] Vgl. http://gunther-wolf.de/mitarbeiterbindung-2/ [Abgerufen 30.09.2013]
[232] Vgl. http://gunther-wolf.de/mitarbeiterbindung-2/ [Abgerufen 30.09.2013]
[233] Vgl. http://gunther-wolf.de/mitarbeiterbindung-2/ [Abgerufen 30.09.2013]

horizontalen Karriereschritte an.[234] Da *„Stars"* und *„Arbeitstiere"* sich selbst zur Arbeit motivieren können, haben sie i.d.R. ein Interesse an der Vertiefung ihrer Kenntnisse und möchten als Experten für ihr Wissen Lob und Anerkennung finden.[235] So könnte man bspw. laut *Wolf*, diese Gruppe weitgehend kosten- und risikolos durch Erweiterung ihres Arbeitsbereiches, Entscheidungsfreiheiten, Verantwortungsräume sowie durch Weiterbildung in ihrem Bereich halten.[236]

Bei der Bindung des Mittelfeldes müssen sowohl die Leistung als auch die Bindung zum UN verbessert werden.[237] Um bei dieser Arbeitsgruppe Anreize zu schaffen, empfiehlt *Wolf*, eine Kombination aus leistungsorientierter Vergütung und Gewinnbeteiligung.[238] Darüber hinaus sollte der direkte Vorgesetzte auch für *„kleine Schritte"* seine Anerkennung differenziert und deutlich bekanntgeben, um die Angestellten im Bereich des Mittelfeldes nicht nur zu binden, sondern auch zu fördern und zu fordern.[239]

Des Weiteren rät *Wolf* davon ab, die MA mit schwacher Leistung und geringem Potenzial an das UN zu binden.[240] Er erklärt, dass solche MA nicht produktiv arbeiten, sondern dem Arbeitgeber nur hohe Kosten bereiten würden.[241] Die verursachten Kosten würden von den Leistungsträgern ausgeglichen werden müssen, was wiederum zu einer Reduktion des Unternehmensgewinns führen würde. Daher sollte man die Bindungsmaßnahmen für die MA dieser Gruppe einstellen und auf diese Weise ihre Abwanderung provozieren.[242]

---

[234] Vgl. http://www.sabine-heins.de/user_files/datei_1353739373_15795.pdf [Abgerufen 28.09.2013]

[235] Vgl. http://io-business.de/2011/11/personalportfolio-strategisches-personalmanagement/ [Abgerufen 30.09.2013]

[236] Vgl. Wolf, 2013, S. 217 f.

[237] Vgl. http://wiog.de/wp-content/uploads/2011/11/09-04_ZUb-Mitarbeiterbindung_und_Fluktuation_steuern_ocr.pdf [Abgerufen 30.09.2013]

[238] Vgl. http://www.sabine-heins.de/user_files/datei_1353739373_15795.pdf [Abgerufen 28.09.2013]

[239] Vgl. http://gunther-wolf.de/mitarbeiterbindung-2/ [Abgerufen 30.09.2013]

[240] Vgl. http://gunther-wolf.de/mitarbeiterbindung-financial-times-deutschland/ [Abgerufen 30.09.2013]; Abb. 11

[241] Vgl. Wolf, 2013, S. 225

[242] Vgl. http://gunther-wolf.de/mitarbeiterbindung-2/ [Abgerufen 30.09.2013]

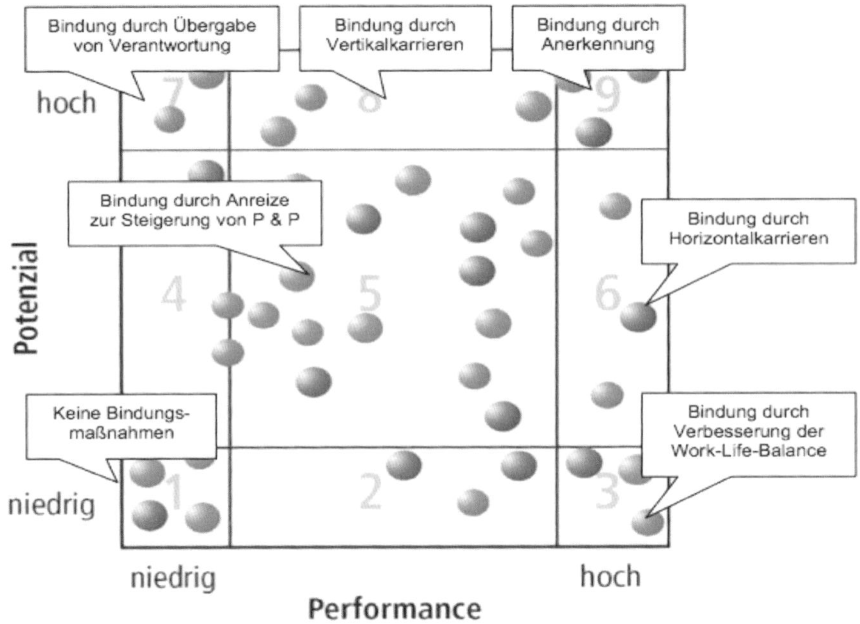

Abbildung 11: Potential-Performance-Portfolio (PPP) / Mitarbeiterportfolio (Quelle: http://www.sabine-heins.de/user_files/datei_1353739373_15795.pdf [Abgerufen 28.09.2013])

5.2 Funktions-Portfolio (FP)

Für die Ableitung von personalwirtschaftlichen Handlungsstrategien in Bezug auf *„Strategische Relevanz"* und *„Verfügbarkeit am Arbeitsmarkt"* bietet sich das Funktionsportfolio (FP) an. Diese Portfolio-Technik leistet nicht nur zur Visualisierung der beiden o.g. Kriterien sondern auch zur Ableitung von Normstrategien wertvolle Dienste. Im FP (vgl. Abb. 12) werden drei Bereiche mit bogenförmigen Linien voneinander abgegrenzt.

Im Bereich A befinden sich MA mit erfolgversprechenden Kompetenzen, die schwer bzw. kaum auf dem Arbeitsmarkt zu bekommen sind (vgl. Abb. 12). Wenn die beiden Analysekriterien *(„Strategische Relevanz" und „Verfügbarkeit am Arbeitsmarkt")* in hoher Ausprägung zusammenfallen, zielt die Normstrategie auf Begeisterung.[243] Nach *Eisenberg & Heinz* kann man auch durch die Begeisterung diejenigen Austritte vermeiden, die durch private Veränderungen verursacht werden, obwohl diese als „unumgänglich" gelten.[244] Daher kann es überaus sinnvoll sein, keine Kosten und Mühen zu scheuen, wenn hierdurch einer Kündigung von

[243] Vgl. Wolf, 2013, S. 225
[244] Vgl. Eisenberg, 2007, S. 110; http://www.sabine-heins.de/user_files/datei_1353739373_15795.pdf [Abgerufen 28.09.2013]

Höchstleistern vorgebeugt werden kann. Denn schließlich hängt die Wettbewerbsfähigkeit eines UN von Leistungsträgern ab.[245]

Im Mittelbereich sind diejenigen Arbeitskräfte zu verorten, die über am Markt durchschnittlich gefragte Kompetenzen verfügen oder Funktionen von mittlerer strategischer Relevanz ausüben (vgl. Abb. 12). Durch das Schaffen von Zufriedenheit werden diese Arbeitskräfte in UN gehalten. Unter dem Kosten-Nutzen-Aspekten wird im Level B eine niedrige Fluktuation angestrebt, jedoch keine absolute Senkung auf Null getätigt. (vgl. Wolf, 2013, S. 225)

Im unteren Bereich sind die MA platziert, die sowohl leicht zu ersetzen sind als auch nur eine geringe strategische Relevanz haben (vgl. Abb. 12). *Wolf* bezeichnet sie als *„Schlusslichter"*, weil sie häufig ihren Kollegen und Chefs viel Zeit rauben, z.B. für die Kontrolle oder Korrektur ihrer vielfach unzureichenden Arbeitsleistungen.[246] Dadurch bekommen sie natürlich höchste Aufmerksamkeit von ihren unmittelbaren Vorgesetzten und somit eine unabsichtliche Form von Belohnung.[247] Daher empfiehlt *Wolf* – unter wirtschaftlichen Gesichtspunkten – auf das Ergreifen von Bindungsmaßnahmen innerhalb dieses Bereiches ganz zu verzichten.[248] *Heinz* fügt hinzu, dass der Arbeitgeber ggf. über ein aktives Trennungsmanagement nachdenken sollte, anstatt kostspielige Maßnahmen zur Bindung dieser MA durchzuführen.[249] Denn gerade in Krisenzeiten werden die Unternehmensleistungen dadurch stabilisiert, dass man keine kostspieligen Bindungsmaßnahmen in diesem Bereich ergreift.[250]

---

[245] Vgl. Wolf, 2013, S. 218
[246] Vgl. Wolf, 2013, S. 225
[247] Vgl. Wolf, 2013, S. 225
[248] Vgl. http://www.sabine-heins.de/user_files/datei_1353739373_15795.pdf [Abgerufen 28.09.2013]; Wolf, 2013, S. 225
[249] Vgl. http://www.sabine-heins.de/user_files/datei_1353739373_15795.pdf [Abgerufen 28.09.2013]
[250] Vgl. http://www.sabine-heins.de/user_files/datei_1353739373_15795.pdf [Abgerufen 28.09.2013]

6. Situationsanalyse (Marktanalyse / unternehmensspezifische Situation „Praxis")

Das sechste Kapitel widmet sich dem Überblick über die derzeitige Markt- und unternehmensspezifische Situation. Dabei werden aktuelle Studien zum Thema *„Mitarbeiterbindung"* herangezogen. Im Rahmen der vorliegenden Arbeit wurde eine empirische Untersuchung in Form einer schriftlichen und mündlichen Befragung durchgeführt. Es wurde ein Fragenkatalog mit insgesamt neun Fragen erstellt, die sich explizit auf den theoretischen Teil und auf die Forschungsfrage beziehen. Auch Expertengespräche wurden zur Erhebung der qualitativen Daten geführt. Für die Analyse wurden zwei UN befragt, die im Bereich *„Engineering"* tätig sind. Diese Branche wurde deswegen ausgewählt, weil die Literatur- und Internetrecherchen des Verfassers einen deutschlandweiten Ingenieurmangel ergaben.[252] [253] Daher war es besonders interessant zu erfahren, wie die Betriebe diese sehr gefragte Zielgruppe in der Praxis an sich binden. Dieser hohe Aufwand an Datenermittlung wurde deshalb betrieben, um im siebten Kapitel möglichst präzise Empfehlungen an die UN abgeben zu können. Darüber hinaus dient das sechste Kapitel um den Vergleich zwischen Theorie und Praxis darzustellen.

6.1. Empirische Ergebnisse der Bindungsforschung

6.1.1 HAYS Recruiting expres worldwide: HR-Report 2012 und 2013

Bei der aktuellen Studie von *HAYS-HR-Report (2013)* wurden 550 betriebliche Entscheider aus Deutschland, Österreich und der Schweiz befragt, welchen HR-Themen sie die höchste Relevanz einräumen.[254] In Abbildung 13 werden die einzelnen HR-Themen und deren Wichtigkeit veranschaulicht. Die Bedeutung an MA-Bindung ist im Vorjahr um 3% gestiegen und im Jahr 2013 um 4% gesunken.[255] Somit belegt die MA-Bindung auch weiterhin den zweiten Platz als das wichtigste HR-Thema aus der Perspektive der Personalverantwortlichen. Viele Unternehmungen haben es also erkannt, dass es nicht nur darum geht, die besten MA zu rekrutieren, sondern sie auch dauerhaft zu halten und nicht an die Konkurrenz zu verlieren.

---

[252] Vgl. Zimmerli, Walther Ch.; Beck, Ulrich, 2006, S. 100 f. u.a. auch Baumann, 2010, S. 113

[253] Vgl. http://www.welt.de/wirtschaft/article115148933/Kampf-gegen-den-Ingenieur-Mangel-zahlt-sich-aus.html [Abgerufen 20.10.2013]

[254] Vgl. HAYS Recruiting expres worldwide - HR-Report mit Schwerpunkt Frauenförderung, 2013, S. 5

[255] Vgl. Abb. 13

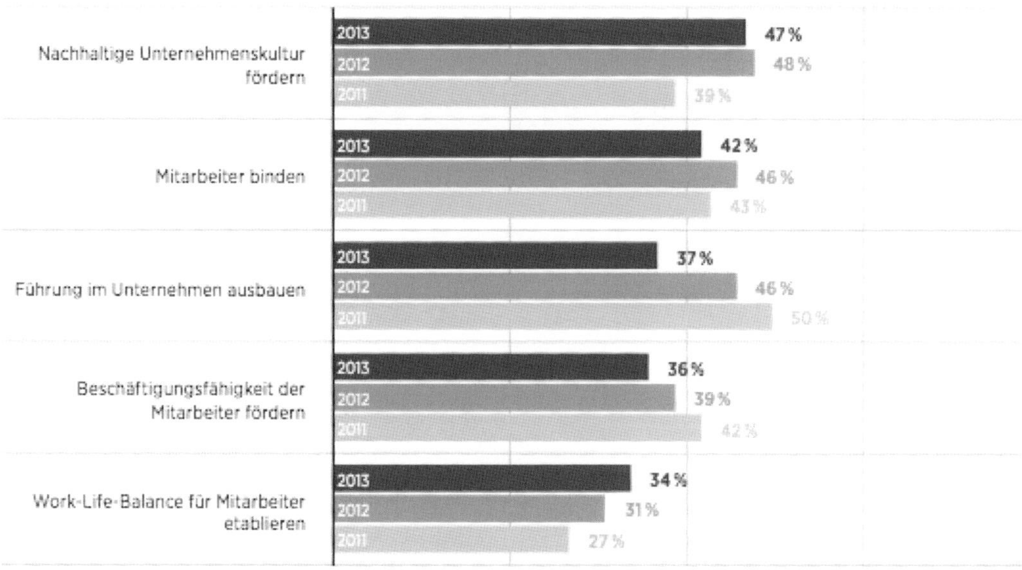

Abbildung 13: Wichtigste HR-Themen / Handlungsfelder
(Quelle: HAYS Recruiting expres worldwide - HR-Report mit Schwerpunkt Frauenförderung, 2013, S. 6)

Im Jahr 2013 geben mehr als 70% der Geschäftsführer an, dass die MA-Bindung eine große bzw. sehr große Bedeutung in ihrem UN habe.[256] Doch die Studie *(HR-Report 2013)* zeigt, dass die UN zwar ihre potenzielle MA halten wollen, aber tatsächlich tun sie bislang wenig dafür.[257] Nach Ansicht der Befragten sind vor allem kulturelle Faktoren wichtig, um die Beschäftigten dauerhaft zu binden (vgl. Abb. 14). Daher steht auch die wertschätzende Unternehmenskultur und gute Betriebsklima mit 96% ganz oben auf der Liste der „Top 5" HR-Instrumente, die als besonders geeignet zur MA-Bindung erachtet werden (vgl. Abb. 14). Auf Platz zwei rangiert die Vereinbarkeit von Beruf und Lebenssituation mit 78% und dicht gefolgt von interessanten Aufgaben (75%) (vgl. Abb. 14). Im Vergleich zu 2012 hat die marktgerechte Entlohnung ihre Zustimmung um 7% verloren und stieg vom Platz zwei auf Platz vier ab. Es könnte ein Indiz dafür sein, dass die Personalverantwortlichen ihre Strategien geändert haben und mehr Wert auf immaterielle Anreize legen, da laut Beratungsunternehmen höhere Bindungskräfte dadurch erzeugt werden können. Die flexiblen Arbeitszeitmodelle findet man auch im diesem Jahr unter den „Top 5" HR-Instrumente wieder (vgl. Abb. 14). Die Bindungsinstrumente, wie z.B. Reputation des Arbeitgebers und die Beschäftigungssicherheit rangierten noch im Vorjahr unter den „Top 5" und verloren innerhalb eines Jahres deutlich an Bedeutung. Während die Vereinbarkeit von Beruf und Lebenssituation erheblich an Relevanz gewonnen hat. (Vgl. HAYS Recruiting expres worldwide - HR-Report mit

[256] Vgl. HAYS Recruiting expres worldwide - HR-Report: Schwerpunkt Frauenförderung, 2013, S. 18
[257] Vgl. HAYS Recruiting expres worldwide - HR-Report: Schwerpunkt Frauenförderung, 2013, S. 18 f.

Schwerpunkt Mitarbeiterbindung, 2012, S. 21; Abb. 14)

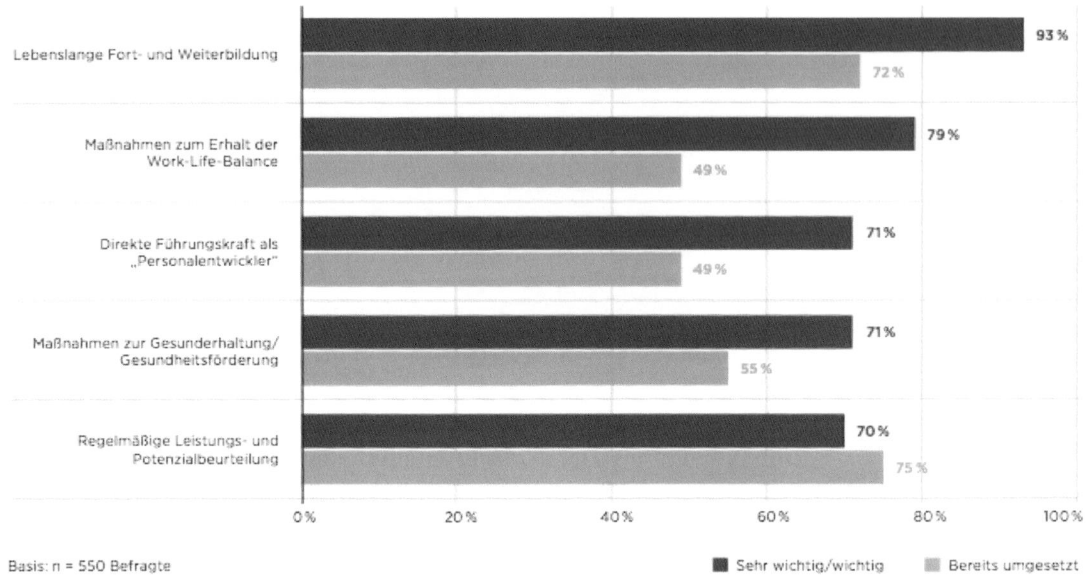

Abbildung 14: Instrumente, die als besonders geeignet zur Mitarbeiterbindung erachtet werden (Top 5), und ihre tatsächliche Umsetzung
(Quelle: HAYS Recruiting expres worldwide - HR-Report mit Schwerpunkt Frauenförderung, 2013, S. 12)

Die signifikanteste Erkenntnis vor dem Hintergrund des Fachkräftemangels ist allerdings die hohe Differenz zwischen der Wichtigkeit und der tatsächlichen Umsetzung von Instrumenten zur MA-Bindung. Wie im Vorjahr bewegt sich diese Diskrepanz auf einem ähnlichen Niveau. So geben bspw. nur 69% der befragten UN an, über ein gutes Betriebsklima zu verfügen, obwohl die Wichtigkeit bei 96% liegt. Auch die Umsetzung von Maßnahmen zur Vereinbarkeit von Beruf und Lebenssituation in UN werden nur 56% empfunden, wobei die Bedeutung mit 78% bewertet wurde. Diese Diskrepanz zwischen Anspruch und Handeln weist daraufhin, dass UN noch einen hohen Nachholbedarf hinsichtlich MA-Bindung haben. Eine einzige Ausnahme wäre hier das Thema „flexible Arbeitszeitmodelle", dessen Stellenwert fast deckungsgleich mit dem Grad der Umsetzung ist. Somit haben viele UN in diesem Bereich ihre Hausaufgaben erledigt und bieten ihren MA flexible Arbeitszeiten an. (vgl. Abb. 14; Abb. 15)

Die Abbildung 15 gibt einen Überblick über die Maßnahmen zur MA-Bindung, welche im Jahr 2012 tatsächlich von UN umgesetzt wurden. Unter den eingesetzten Bindungsinstrumenten finden sich einige, die als bedeutsam erachteten, wieder, die in Abb. 14 (S. 56) bereits vorgestellt wurden, andere hingegen eher nicht.

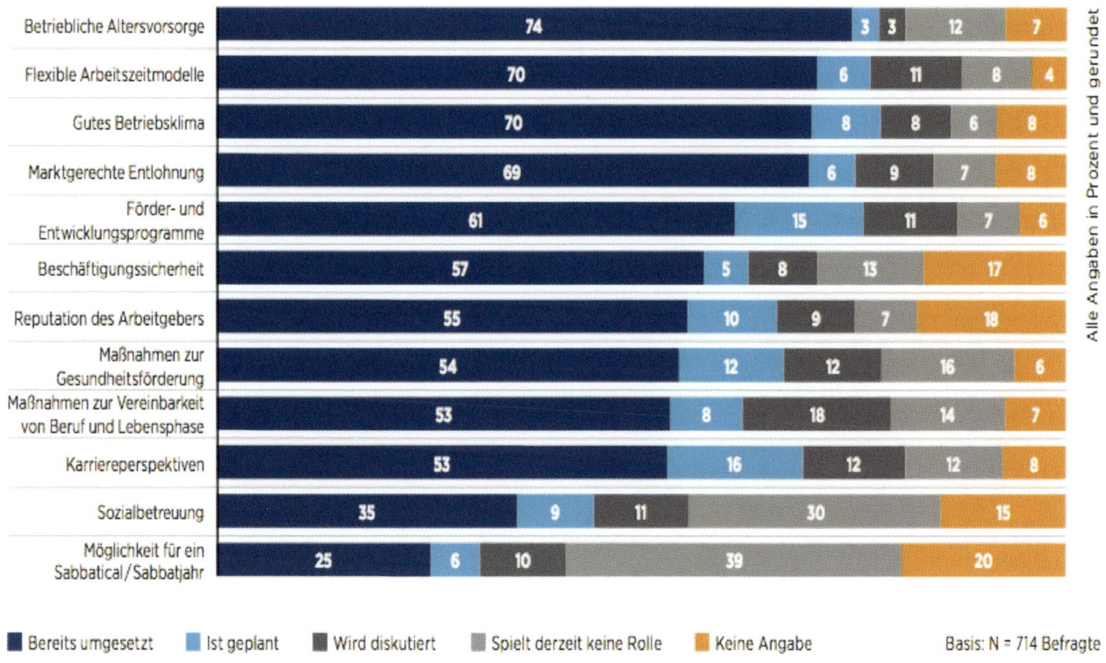

Abbildung 15: Bereits umgesetzte Instrumente zur Bindung der Mitarbeiter (Quelle: HAYS Recruiting expres worldwide - HR-Report mit Schwerpunkt Mitarbeiterbindung, 2012, S. 22)

Des Weiteren beinhaltet der *HR-Report (2012)* eine differenzierte Betrachtung bezüglich der Instrumente, die eine besondere Bindungswirkung auf jüngere oder ältere MA bzw. auf Männer oder Frauen ausüben. So zeigt der empirische Befund des *HR-Reports (2012)*, dass Ältere ihrer Ansicht nach vor allem von Beschäftigungssicherheit, Maßnahmen zur Gesundheitsförderung sowie von Angeboten im Rahmen der Sozialbetreuung angesprochen werden.[258] Zur Bindung der jüngeren Generation sehen die Befragten vor allem Förder- und Entwicklungsprogramme sowie Karriereperspektiven.[259] Außerdem streben sie ebenso nach einer sicheren Beschäftigung wie die ältere Generation.[260] Für Frauen gehen die Personalverantwortlichen von einer höheren Bindungswirkung flexibler Arbeitszeitmodelle, Maßnahmen zur Vereinbarkeit von Beruf und Lebensphase sowie der Sozialbetreuung aus.[261] Nicht nur von Frauen, auch für Männer werden diese Herausforderungen genannt etwa seit 2008 mehrfach in der Presse oder dem Bundesministerium zu lesen.[262]

Es wurde ebenfalls festgestellt, dass die Großunternehmen umfangreichere Maßnahmen zur

[258] Vgl. HAYS Recruiting expres worldwide - HR-Report mit Schwerpunkt Mitarbeiterbindung, 2012, S. 21
[259] Vgl. HAYS Recruiting expres worldwide - HR-Report mit Schwerpunkt Mitarbeiterbindung, 2012, S. 21
[260] Vgl. HAYS Recruiting expres worldwide - HR-Report mit Schwerpunkt Mitarbeiterbindung, 2012, S. 22
[261] Vgl. HAYS Recruiting expres worldwide - HR-Report mit Schwerpunkt Mitarbeiterbindung, 2012, S. 21
[262] Vgl. Bundesministerium für Familie, Senioren, Frauen und Jugend - Herausforderung familienbewusste Personalpolitik: Vorteile für Beschäftigte und Unternehmen, 2008, S.14 f.

Bindung der MA anbieten können als mittelständische Betriebe, z.B. im Bezug auf Karriereperspektiven, Gesundheitsförderung oder Sozialbetreuung.[263] Der Öffentliche Dienst hingegen kann ihren MA einen sicheren Arbeitsplatz und Maßnahmen zur Vereinbarkeit von Beruf und Lebensphase gewähren, während die Industriesektoren und Dienstleistungsbranchen eine marktgerechte Entlohnung anbieten.[264]

6.1.2 Global Workforce Study: Ergebnisse für Deutschland 2012

Für die *Global Workforce Study (2012)* haben mehr als 32.000 Beschäftigte aus 28 Ländern teilgenommen, darunter über 1.000 aus Deutschland.[265] Dabei wurden im Rahmen dieser Untersuchung die wichtigsten Faktoren für die MA-Bindung identifiziert, die sog. „Top-10-Treiber" (vgl. Abb. 16). Die derzeitigen Hauptbindungsfaktoren für Deutschland gelten laut der Studie ein faires Grundgehalt, Karriereperspektiven sowie die Sicherheit des Arbeitsplatzes. Dahinter folgen Faktoren wie Vertrauen zum Top-Management *(Rang 4),* Möglichkeiten zur Begrenzung von arbeitsbezogenen Stress *(Rang 6),* flexible Arbeitseinteilung *(Rang 10).* (vgl. Abb. 16)

Ferner liefert die Studie interessante Ergebnisse bezüglich der Verteilung der Bindungsfaktoren nach MA-Gruppen. So steht das Vertrauen zum Top-Management bei Leistungsträger *(„Top-Performer")* an erster Stelle *(in der gesamt Stichprobe auf Platz 4)* und das Grundgehalt an dritter Stelle *(in der gesamt Stichprobe auf Platz 1).* Bei Nachwuchstalenten *(„High-Potentials")* stehen hingegen die Karriereperspektiven an erster Stelle und das Vertrauen zum Top-Management an dritter Stelle. Was das Thema „Arbeitsplatzsicherheit" anbelangt, spielt für diese Zielgruppe keine primäre Rolle. Zudem ist der Ruf des UN ein relevanter Bindungsfaktor für beide Teilgruppen. Diese Studienergebnisse verschaffen den HR-Verantwortlichen wichtige Informationen. Sie können bspw. im Rahmen eines Vorstellungsgesprächs über die Karrieremöglichkeiten gegenüber High-Potentials *(Schlüsselmitarbeiter)* gezielt kommunizieren, um diese Zielgruppe noch intensiver anzusprechen. Demzufolge ist dieser Bindungsfaktor *„Karriereperspektiven"* nicht nur für die Bindung relevant, sondern auch für die Gewinnung neuer Mitarbeiter. (vgl. Abb. 16; Global Workforce Study: die Ergebnisse für Deutschland 2012, S. 4)

---

[263] Vgl. HAYS Recruiting expres worldwide - HR-Report mit Schwerpunkt Mitarbeiterbindung, 2012, S. 22
[264] Vgl. HAYS Recruiting expres worldwide - HR-Report mit Schwerpunkt Mitarbeiterbindung, 2012, S. 21
[265] Vgl. Global Workforce Study: die Ergebnisse für Deutschland 2012, S. 4

Top-Treiber für Mitarbeiterbindung	alle	Top-Performer	High-Potentials
Grundgehalt	1	3	2
Chancen, meine Karriere voranzutreiben	2	2	1
Sicherheit des Arbeitsplatzes	3	6	–
Vertrauen zu Top-Management	4	1	3
Arbeitsumfeld	5	5	4
Möglichkeit, arbeitsbezogenen Stress zu begrenzen	6	4	–
Bequem zu erreichender Arbeitsort	7	9	6
Beziehung zum direkten Vorgesetzten	8	–	–
Herausfordernde Arbeit	9	–	9
Flexible Arbeitseinteilung	10	–	8
Hohes Maß an Eigenständigkeit am Arbeitsplatz	–	7	–
Ruf des Unternehmens als ausgezeichneter Arbeitgeber	–	8	5
Kompetenz der Kollegen	–	10	–
Chancen, neue Fertigkeiten zu lernen	–	–	7
Langfristige Anreize (z. B. Aktienprämien)	–	–	10

Abbildung 16: Top 10 Treiber für Mitarbeiterbindung, differenziert nach Top-Performern und High-Potentials
(Quelle: Towers Watson - Global Workforce Study: die Ergebnisse für Deutschland 2012, S. 15)

Zur weiteren Veranschaulichung ist in Abb. 17 (S. 60) ein durchaus differenziertes Bild der Top-10-Treiber für die verschiedenen Altersgruppen wiedergegeben. Insbesondere jüngere MA *(unter 30 Jahre)* schätzen es sehr, dass ihr Arbeitsort bequem zu erreichen ist als die Gesamtgruppe aller Mitarbeiter (vgl. Abb. 17). Auffallend scheint, dass für jüngere Arbeitnehmer Faktoren wie Stressbegrenzung und sicheres Arbeitsplatz weniger wichtig sind (vgl. Abb. 17). Aus der Grafik so zu entnehmen, allerdings steigt die Zahl der psychischen Krankheiten in Bezug auch auf Depressionen (Burn-out läuft unter Depression) die durch die Schnelllebigkeit der Gesellschaft und der damit verbundenen Herausforderung der Flexibilität der Arbeitnehmer.[266] Anzumerken ist hier ebenfalls, dass die MA über 50 Jahre vor allem ein angenehmes Arbeitsumfeld im UN hält. Die langfristige Karriereentwicklung hat für diese Teilgruppe eine geringere Bedeutung. (vgl. Abb. 17)

[266] Vgl. http://www.zeit.de/wissen/gesundheit/2013-08/volkskrankheit-psychische-erkrankungen [Abgerufen 03.12.2013]

6.2 Zusammenfassung der zentralen Studienergebnisse

Die *HAYS-Studie (2013)* kommt zu dem Ergebnis, dass das Thema *„Mitarbeiterbindung"* immer noch in vielen Organisationen eine essentielle Rolle im Bereich Personalmanagement hat *(Rang 2*). Jedoch nicht alle UN fördern bzw. investieren in die MA-Bindung, obwohl sie das Thema als „sehr wichtig" erachten. Ferner liefern die Forschungsergebnisse eine wichtige Erkenntnis bezüglich der Wichtigkeit der Bindungsinstrumente, die besonders geeignet für die MA-Bindung sind. So werden aus Sicht der UN kulturelle Faktoren als besonders geeignet erachtet, um die Beschäftigten zu motivieren dauerhaft im UN zu verweilen (z.B. wertschätzende Unternehmenskultur, gute Betriebsklima, die Vereinbarkeit von Beruf und Lebenssituation). Aus Mitarbeiterperspektive spielen hingegen ganz andere Faktoren eine primäre Rolle, wie faires Grundgehalt, Karriereperspektiven und sicheres Arbeitsplatz. Was noch interessant zu beobachten ist, dass das Instrument „flexible Arbeitszeitmodelle" von UN als besonders geeignet zur Bindung der MA angesehen wird *(Rang 5).* Die MA hingegen sehen dieses Bindungsinstrument weniger relevant *(Rang 10 in der Global Workforce Study).* Zu entnehmen ist auch, dass nur 53% der UN ihren MA Aufstiegsmöglichkeiten anbieten. Wobei dieser Bindungsfaktor sowohl für die Nachwuchstalente als auch für die Leistungsträger sehr entscheidend ist. Außerdem konnte die *Global Workforce Study (2012)* aufweisen, dass der Bindungsfaktor „faires Grundgehalt" sowohl bei den älteren als auch bei den jüngeren Beschäftigten einen sehr hohen Stellenwert erreicht hat *(Rang 1).* Bisher haben 61% der UN ihre MA fair und leistungsgerecht entlohnt. Das erscheint viel, ist aber sehr wenig, wenn man bedenkt, dass dieser Bindungsfaktor bei den MA am wichtigsten ist. Anhand der Studien wird ersichtlich, dass die Arbeitnehmer und die Arbeitgeber die Bedeutung der Bindungsfaktoren unterschiedlich einstufen. So könnte man davon ausgehen, dass es zu einer ineffektiven MA-Bindung führen kann, wenn die HR-Verantwortlichen mit falschen bzw. unpassenden Bindungsinstrumenten versuchen ihre besten MA zu halten.

Laut *Gallup Engagement Index (2012)* haben nur 15% der Beschäftigten eine hohe emotionale Bindung an das UN für das sie arbeiten und 61% machen nach dieser Studie nur Dienst nach Vorschrift. Die Anzahl der nicht emotional gebundenen Beschäftigten liegt bei 24%, Tendenz steigend. Als Hauptverursacher für eine emotional geringe Bindung, gilt laut *Gallup Studie (2012)* schlechte Personalführung. Die Folgen von mangelnder MA-Bindung sind erheblich: MA ohne emotionale Bindung hätten mehr Fehlzeiten, was laut *Gallup* Kosten i.H.v. 18,3 Milliarden Euro mit sich bringen. Außerdem sorge die innere Kündigung zu Produktivitätseinbußen, selteneren Mitarbeiteranregungen und –ideen sowie häufigere Arbeitsplatzwechsel. Das *Beratungsunternehmen (Gallup)* beziffert den jährlichen volkswirtschaftlichen Schaden auf bis zu 138 Milliarden Euro, die durch Produktivitätseinbußen resultieren.

Darüber hinaus beinhalten die Studien eine differenzierte Betrachtung, was den Einsatz der Bindungsfaktoren anbelangt. Denn jeder Bindungsfaktor muss gezielt an bestimmten MA eingesetzt werden, um eine effektive MA-Bindung erzeugen zu können. So stellen die empirischen Untersuchungen fest, dass ältere MA vor allem von Arbeitsplatzsicherheit, Maßnahmen zur Gesundheitsförderung sowie von Angeboten im Rahmen der Sozialbetreuung angesprochen werden. Demgegenüber werden die jüngeren MA durch ein faires Grundgehalt, Karriereperspektiven und bequem zu erreichender Arbeitsort angesprochen. Frauen werden hingegen durch flexible Arbeitszeitmodelle, Maßnahmen zur Vereinbarkeit von Beruf und Lebensphase sowie der Sozialbetreuung an das UN gebunden. Zur Bindung von Leistungsträgern und Nachwuchstalenten eignen sich folgende Bindungsfaktoren: Vertrauen zum Top-Management (Führung), Karrieremöglichkeiten, eine gerechte Vergütung und Image des UN.

höherer Fluktuation (vgl. 6.1.3). Gerade bei freiwilligen Kündigungen entstehen dem UN die meisten Kosten, die sich aus Wiederbesetzung der Stelle *(Neuausschreibung, Auswahlverfahren, Einarbeitung)*, Know-how-Verlust *(Wechsel zu einem Mitbewerber, Kundenabwanderung)* und Demoralisierung der verbleibenden MA *(schlechte Betriebsklima, Imageverlust)* resultieren (vgl. 6.1.3). Aufgrund von Verhalten der MA entstehen dem UN hohe Produktivitätseinbußen, die sich bis zu 138 Milliarden Euro pro Jahr beziffern (vgl. 6.1.3). Diese Verhaltensweise der Beschäftigten beeinträchtigt den Erfolg eines jeden UN enorm.

Demgegenüber fördert eine hohe MA-Bindung die Loyalität, Motivation, Zufriedenheit und Engagement der MA (vgl. 3.2, 3.3 und 6.1). Durch eine intensive MA-Bindung können die Beschäftigten emotional an die Organisation gebunden werden (vgl. 3.2, 3.3 und 6.1.3). Denn emotional gebundene MA bringen mehr Anregungen für Verbesserungen im UN ein als im Vergleich zu ungebundenen Kollegen (vgl. 6.1.3). Diese Verbesserungsvorschläge führen in 89% der Fälle zu Kosteneinsparung, mehr Umsatz und höhere Effizienz (vgl. 6.1.3). Darüber hinaus sind emotional gebundene MA seltener krank und haben eine deutlich geringere Wechselabsicht, was sich wiederum in geringeren Fluktuationskosten niederschlägt (vgl. 3.2, 3.3 und 6.1.3). Auch die Wettbewerbsfähigkeit und Kundenbindung können durch eine intensive MA-Bindung gestärkt werden (vgl. 3.1.1 und 6.1.3). Denn Kundenbindung beginnt bei MA-Bindung.

Aus ökonomischer Sicht ist eine intensive MA-Bindung somit rentabler und sollte nicht gleich mit hohen Kosten assoziiert werden, wenn man bedenkt wie viel Kosten anfallen würden, wenn man keine MA-Bindung betreibt. Die Untersuchungen haben gezeigt, dass man allein durch Anerkennung und Wertschätzung das Engagement, die Leistung, die Identifikation mit dem UN sowie die Motivation der MA fördern kann und dabei ohne viel Geld in die MA-Bindung investieren zu müssen. Somit kann das UN mit Hilfe von individuellen Bindungsmaßnahmen nicht nur ihre gewünschten MA längerfristig binden, sondern auch die Kosten reduzieren und Umsatz erhöhen.

7.1.1 Chancen und Risiken der Mitarbeiterbindung

Wie jeder Bereich kann auch die MA-Bindung mögliche Chancen und Risiken aufweisen. Eine aktive MA-Bindung wirkt sich sehr positiv auf die Beschäftigten aus, was den Erfolg eines UN generiert. Aber es darf auch nicht verschwiegen werden, dass ein Übermaß an Bindung und Loyalität erhebliche Risiken mit sich bringen kann. In der unten aufgeführten Tabelle werden die Konsequenzen veranschaulicht, die sich aus der MA-Bindung ergeben.

	Chancen	**Risiken**
Unternehmen	▪ Einsatzbereitschaft ▪ Motivation, Leistung ▪ Keine unerwünschte Fluktuation ▪ Ideen und Verbesserungsvorschläge ▪ positiver Mund-zu-Mund-Propaganda ▪ Weiterempfehlungsbereitschaft ▪ Verbesserung des Kundenservice ▪ geringe Kosten und bessere Arbeitsleistung ▪ höhere Produktivität	▪ Konformität, Rigidität ▪ Group-Think ▪ Korpsgeist, Blinder Gehorsam ▪ eskalierendes Commitment .
Mitarbeiter	▪ Selbstaufwertung ▪ Zufriedenheit durch Befriedigung sozialer Bedürfnisse nach Zugehörigkeit ▪ Ressource zur Stressabwehr (Soziale Unterstützung)	▪ Überlastung, Aufopferung ▪ Burn-out, Stress, Abhängigkeit ▪ Stagnation ▪ Rollenkonflikte

Tabelle 4: Chancen und Risiken der Mitarbeiterbindung
(Quelle: Eigene Darstellung in Anlehnung an Felfe, Mitarbeiterbindung, 2008, S. 15)

7.2 Handlungsempfehlungen für die Managementpraxis

Die Resultate aus der schriftlichen Befragung und Interviews erlauben zahlreiche Empfehlungen für die untersuchten Ingenieurbetriebe abzuleiten. Die folgenden Empfehlungen sollen einen Anhaltspunkt darstellen, was aus Sicht der Betriebe getan werden sollte, um eine effiziente und effektive MA-Bindung zu erreichen. Im Folgenden werden die Handlungsempfehlungen zur Verbesserung der Bindung aufgelistet:

1) Durchführung von Mitarbeiterbefragung (MAB)

Da die MA-Zufriedenheit einen gewissen Einfluss auf die MA-Bindung aufweist, ist es empfehlenswert sich permanent über die Zufriedenheit zu informieren. Denn die Mitarbeiterbedürfnisse, -erwartungen und -einstellungen ändern sich ständig. Werden diese Aspekte außer Acht gelassen, so kann es schnell zur Unzufriedenheit führen. Daher sollten die Betriebe die Zufriedenheit ihrer MA regelmäßig kontrollieren (mind. einmal im Jahr). Für die regelmäßige Erfassung der MA-Zufriedenheit eignet sich insbesondere die schriftlich MAB. Diese kann bspw. auch Online (Internet) schnell, mit geringem Aufwand und kostengünstig durchgeführt werden. Dabei hat man den Vorteil, dass die Angestellten diese Onlinebefragung bequem und in aller Ruhe von zu Hause aus anonym, ehrlich und ohne jeglichen Einfluss beantworten zum weiteren Verbleib geweckt werden. Darüber hinaus könnte man die Beschäftigten in Zukunft mit individuellen Seminaren binden. Zum Beispiel mit einem Seminar zur Selbstmotivation, wo den Teilnehmer das Wissen vermittelt wird, wie sie sich selber motivieren können, um ihre private und berufliche Ziele und Wünsche zu verwirklichen.

Begriffserklärungen

Anreize

Der Begriff „Anreiz“ ist ein wichtiger Gegenstand der Organisations- und Personalwirtschaftslehre und wird in der betriebswirtschaftlichen Forschung hauptsächlich für innerbetriebliche Gruppenanreize angewandt.[291] Gleichzeitig wird jedoch der Einsatz konkreter Anreize zur Steuerung des menschlichen Verhaltens umstritten diskutiert, wobei eine allgemeingültige Definition für den Begriff „Anreiz“ in der Literatur nicht einheitlich geklärt ist.[292] So definiert *Beyer* bspw. in einer weit gefasste Form „Anreize“ als „verhaltensauslösende Reize, die außerhalb einer Person liegen. Sie können diese zu einem bestimmten Verhalten veranlassen, sofern sie den Bedürfnissen des Menschen entsprechen. Anreize aktivieren die Bedürfnisse und führen zu motiviertem Verhalten.“ [293] *Laux* erklärt diesen Begriff wie folgt: *„Anreize sind Instrumente, die den Mitarbeiter dazu veranlassen sollen, sein Verhalten über monetäre Belohnungen auf explizite und implizite Normen auszurichten.“*[294] Und *Ondrack* hingegen definiert den Begriff „Anreiz“ als ein Versprechen, eine besondere zusätzliche Zahlung an Arbeitskräfte zu leisten, wenn sie bestimmte Anforderungen ihrer Arbeitsaufgaben erfüllt haben.[295]

Allgemein kann man unter „Anreiz“ bestimmte Situationsbedingungen verstehen, die die Motivation von Individuen aktivieren können.[296] Anreize sind von der Organisation in Aussicht gestellte materielle oder immaterielle Vergütungen für die Mitarbeiter, damit diese individuelle Beiträge in Form von Zeit, Energie oder anderen Ressourcen zur Realisation des Organisationsziels leisten.[297]

Bindung

Der Mensch als soziales Gemeinschaftswesen ist auf seine Mitmenschen angewiesen.[298] Er hat ein grundlegendes Bedürfnis nach Bindung.[299] Der Wunsch Bindungen einzugehen, wird somit als primäres, angeborenes Grundbedürfnis wie Nahrung, Wasser usw. als das wichtigste

---

[291] Vgl. Schröder, 2003, S. 49
[292] Vgl. Schröder, 2003, S. 49
[293] Vgl. Carstensen, 2004, S. 257
[294] Vgl. Schröder, 2003, S. 50
[295] Vgl. Schröder, 2003, S. 50
[296] Vgl. Haid / Böhler, 2004, S. 236
[297] Vgl. Drumm, 2005, S. 389
[298] Vgl. http://www.brigitte-hannig.de/pdf/Bindung%20vor%20Bildung.pdf [Abgerufen 04.08.2013]
[299] Vgl. http://www.brigitte-hannig.de/pdf/Bindung%20vor%20Bildung.pdf [Abgerufen 04.08.2013]

und machtvollste Bedürfnis des Menschen angesehen.[300] Schlägt man in einem Lexikon den Begriff „Bindung“ nach, so findet sich unter anderem die Beschreibung, dass es sich hier um eine enge emotionale Beziehung eines Menschen zu einem anderen, auch die dauerhafte Bejahung bestimmter Werte handelt.[301] *Bowllby* bspw. versteht unter „Bindung“, die Neigung eines Menschen enge, von intensiven Gefühlen getragene Beziehungen zu anderen spezifischen Personen zu suchen und beizubehalten, die ihm subjektiv ein Gefühl von physiologischer und psychologischer Sicherheit vermitteln.[302]

Commitment

heißt wörtlich aus dem Englischen übersetzt: Bindung, Verpflichtung, Engagement sowie Leistungsbereitschaft.[303] Der Ursprung des Wortes leitet sich aus dem Lateinischen her und bedeutet „zustande bringen“ oder „anvertrauen“.[304] Unter Commitment versteht *Moser* „das Eingehen einer Bindung“.[305] Für *Wiendieck* handelt es sich beim Commitment um „das Gefühl einer Verpflichtung“.[306] Von anderen Autoren wird Commitment definiert als „Selbstverpflichtung“ oder „freiwillige Bindung“.[307] [308]

Commitment in Organisation (CO)

kann daher auch als eine „Bindung an eine Organisation“, „Verbundenheit mit einer Organisation“ oder „Verpflichtung gegenüber seiner Organisation“ verstehen.[309] Folglich zeigt OC, ob ein Individuum zu einer Organisation passt oder nicht.[310] *Mowday, Porter und Steers* definieren OC als Identifikation mit der Organisation, Anstrengungsbereitschaft für die Organisation und geringe Fluktuationsneigung.[311] Nach *Stock-Homburg* umfasst das Organisationale Commitment, die Akzeptanz der Unternehmensziele, hohe Einsatzbereitschaft für das Unternehmen und den Wunsch, in der Organisation zu verbleiben.[312]

---

[300] Vgl. http://www.brigitte-hannig.de/pdf/Bindung%20vor%20Bildung.pdf [Abgerufen 04.08.2013]
[301] Vgl. Die Zeit – Das Lexikon, 2005a, S. 209
[302] Vgl. Bowlby 1988 S. 26f.
[303] Vgl. http://www.dict.cc/?s=commitment [Abgerufen 06.08.2013]
[304] Vgl. Ammon, 2006, S. 4
[305] Ammon, 2006, S. 4
[306] Vgl. Wiendieck, 1994, S. 125
[307] Vgl. Szebel-Habig, 2004, S. 47
[308] Vgl. Schumacher, 2010, S. 122
[309] Ammon, 2006, S. 4
[310] Ammon, 2006, S. 4
[311] Vgl. Mowday / Porter / Steers, 1982, S. 26
[312] Vgl. Stock-Homburg, 2012, S. 19

Des Weiten kennzeichnet Commitment einen psychologischen Zustand, der die Beziehung eines Mitarbeiters zu dessen Arbeitgeber beschreibt.[313] Hierbei werden drei Komponenten charakterisiert, die vom Arbeitnehmer in unterschiedlichen Ausprägungen gleichzeitig wahrgenommen werden können und bei diesem differenzierte Bindungsmuster erzeugen.[314] Es handelt sich um das *affektive* Commitment, das *kalkulative* Commitment und das *normative* Commitment.

Die Komponente ***affektives*** Commitment beschreibt die emotionale Bindung einer Person an eine Organisation.[315] Beschäftigte mit hohem affektiven Commitment fühlen sich ihrer Organisation emotional gebunden, identifizieren sich mit deren Werten und Zielen und wollen ihr weiterhin angehören.[316]

Personen mit hohen ***kalkulativen*** Commitment verbleiben aufgrund fehlender oder kostspieliger Alternativen in der Organisation.[317] Sie fürchten die Kosten, die mit dem Verlassen der Organisationen verbunden wären.[318] Wegen der rational-ökonomischen Komponente wird *kalkulatives* Commitment auch als „kalte“ Form einer unfreiwilligen Bindung bezeichnet.[319]

Das ***normative*** Commitment beschreibt, inwieweit sich eine Person auf Grund moralischer Verpflichtungen und *normativer* Vorstellungen an seine Organisation gebunden fühlt.[320] Wichtig bei dieser Form von Commitment ist das Verpflichtungsgefühl einer Person gegenüber ihrer Organisation.[321] Eine Person, die hohes *normatives* Commitment aufweist, ist der Überzeugung, dass ihr Ausscheiden aus der Organisation falsch wäre und erachtet es als notwendig, ihrer Organisation treu zu bleiben und sich ihr gegenüber loyal zu verhalten.[322]

---

313 Vgl. Gauger 2000 S. 79
314 Vgl. Bruhn / Stauss, 2010, S. 232f.
315 Vgl. Schumacher, 2010, S. 122
316 Vgl. Schumacher, 2010, S. 122
317 Vgl. Martin 2009 S. 109
318 Vgl. Ammon, 2006, S. 6
319 Vgl. Martin 2009 S. 110
320 Vgl. Bruhn / Stauss, 2010, S. 232f.
321 Vgl. Bruhn / Stauss, 2010, S. 232f.
322 Ammon, 2006, S. 7

heitsmäßigen Charakter.[346] Die Freiheit des Mitarbeiters ist „uneingeschränkt", das Bindungsinteresse geht vom Mitarbeiter aus.[347] Die mitarbeiterbindenden Aktivitäten des Arbeitgebers beinhalten in erster Linie das Management von Mitarbeiterzufriedenheit und Mitarbeitervertrauen.[348]

Korrelationskoeffizient

Der Korrelationskoeffizient (r) misst die Stärke des linearen Zusammenhangs zwischen zwei mindestens intervallskalierten Merkmalen. Der Korrelationskoeffizient kann Werte zwischen −1 und +1 annehmen. Der Wert −1 gibt an, dass eine vollständig negative Korrelation vorliegt. Bei einem Wert von +1 besteht hingegen ein absoluter positiver linearer Zusammenhang zwischen den betrachteten Merkmalen. Falls der r den Wert 0 aufweist, sind die beiden Merkmale voneinander unabhängig. (vgl. Benno Bucher; Walter Meier-Sofrian; Urban Meyer; Sandra Schlick, 2003, S. 98)

Pfadkoeffizient

„Bei der Pfadanalyse wird ein mehr oder weniger komplexes Netz von Beziehungen zwischen unabhängigen und abhängigen Variablen analysiert, wobei die Beziehungen in der graphischen Darstellung durch Pfeile angegeben sind. Jeder Pfeil steht für einen sogenannten Pfad (path), dem ein Pfadkoeffizient zugeordnet ist. Pfade in der Grundgesamtheit werden mit Beta bezeichnet, Pfade in der Stichprobe mit b oder p. Der Betawert gibt die Stärke des Zusammenhangs zwischen den jeweiligen Variablen unter Berücksichtigung des Einflusses aller übrigen in die Berechnung eingeführten Variablen an."[349]

Involvement der Mitarbeiter

Unter „*Involvement der Mitarbeiter*" wird das besondere Interesse eines Mitarbeiters an einem Unternehmen in Verbindung mit hoher Begeisterung für dieses Unternehmen verstanden.[350] Mit steigendem Involvement *(dt.:Beteiligung, Mitwirkung)*[351] wird eine wachsende Intensität des emotionalen Engagements eines Individuums angenommen.[352]

---

346 Vgl. Pick, 2008, S. 98
347 Vgl. Pick, 2008, S. 98f.
348 Vgl. Thiele, 2011, S. 31f.
349 http://www.hf.uni-koeln.de/data/eso/File/seibel/Meth10.pdf [Abgerufen 08.08.2013]
350 Vgl. Stock-Homburg, 2012, S. 19
351 http://www.dict.cc/englisch-deutsch/involvement.html [Abgerufen 06.08.2013]
352 Vgl. http://wirtschaftslexikon.gabler.de/Definition/involvement.html [Abgerufen 06.08.2013]

Loyalität

Der Begriff Loyalität stammt vom lateinischen „legalis" *(= gesetzlich, gesetzmäßig)*.[353] Bei der Interpretation des Loyalitätsbegriffes geht es allerdings weniger um die Einhaltung gesetzlicher Vorschriften, als um die Einstellung gegenüber Personen, Institutionen oder anderen sozialen Einrichtungen, welche eine persönliche Bindung hervorruft.[354] Betrachtet man Loyalität aus Sicht des Unternehmens, so ist die Forderung nach Ehrlichkeit und Fairness im Umgang mit Vorgesetzten , Mitarbeiter und externen Partner gemeint.[355]

Der Begriff „Loyalität" von Mitarbeitern wird oft im Sinne von Zuverlässigkeit und Anständigkeit ggü. einer Organisation, der man sich verbunden fühlt, gebraucht.[356] Loyale Mitarbeiter sind ihrem Arbeitgeber treu, sie spüren eine emotionale Verbundenheit und machen sich Gedanken um das Wohlergehen ihres Unternehmens.[357] Sie identifizieren sich mit ihrer Firma und machen die unternehmerischen Interessen zu ihren eigenen.[358] Sie reden oft positiv über ihre Firma – sowohl intern als auch extern.[359] Im Zusammenhang mit Dienstverhältnissen bedeutet Mitarbeiterloyalität: [360]

- Freiwillige, anhaltende Treue
- Hohes Engagement und Freude an der Arbeit
- Ambitionen und unternehmerisches Handeln
- Identifikation und emotionale Verbundenheit
- Aktive positive Mundpropaganda

Organizational Citizenship Behaviour der Mitarbeiter

Der Begriff *„Organizational Citizenship Behaviour"* kurz auch OCB genannt, kommt aus der Arbeits- und Organisationspsychologie.[361] OCB beschreibt eine Form von freiwilligem Verhalten in Form von zusätzlichem Engagement innerhalb der Organisation, in der eine Person

[353] Vgl. http://www.duden.de/rechtschreibung/loyal [Abgerufen 08.08.2013]
[354] Vgl. Winfried, 2004, S 31f.
[355] Vgl. Ludger/Alfred, 2008, S. 135
[356] Vgl. Szebel-Habig, 2004, S. 50
[357] Vgl. http://www.unternehmer.de/management-people-skills/287-mitarbeiterloyalitaet-wie-man-sie-erhaelt-und-wie-sie-unternehmen-erfolgreich-macht-teil-1 [Abgerufen 08.08.2013]
[358] Vgl. http://www.unternehmer.de/management-people-skills/287-mitarbeiterloyalitaet-wie-man-sie-erhaelt-und-wie-sie-unternehmen-erfolgreich-macht-teil-1 [Abgerufen 08.08.2013]
[359] Vgl. http://www.unternehmer.de/management-people-skills/287-mitarbeiterloyalitaet-wie-man-sie-erhaelt-und-wie-sie-unternehmen-erfolgreich-macht-teil-1 [Abgerufen 08.08.2013]
[360] http://www.unternehmer.de/management-people-skills/287-mitarbeiterloyalitaet-wie-man-sie-erhaelt-und-wie-sie-unternehmen-erfolgreich-macht-teil-1 [Abgerufen 08.08.2013]
[361] Vgl. http://wiso-psychologie.uni-erlangen.de/forschung/ocb.php [Abgerufen 07.08.2013]

arbeitet.[362] OBC kennzeichnet also Verhalten der Mitarbeiter, welches über den formalen Aspekt des Arbeitsvertrages hinausgeht und demnach nicht vom Entlohnungssystem erfasst wird.[363] *Schumacher* bezeichnet OCB wie folgt: *„alle freiwillig erbrachte Leistungen von Mitarbeitern, die der Erreichung der Ziele der Organisation dienen“.*[364]

Retention Management („Mitarbeiterbindung“)

Der Begriff „Retention“ kommt ursprünglich vom englischen Sprachgebrauch und ist als „Aufbewahrung, Beibehaltung oder Erhaltung“ zu verstehen.[365] Die lateinische Sprache meint mit dem Wort „retentio“ die Zurückhaltung.[366] Der zweite englische Begriffsbestandteil „Management“ bedeutet „Führung, Leitung, Handhabung“.[367] Ursprünglich stammt der Begriff ebenfalls aus dem Lateinischen und wird aus den Wörtern „manum agere = an der Hand führen“ hergeleitet.[368] Überträgt man diese Wortbedeutungen auf das Management von Human Ressourcen wird unter dem Begriff der „Retention“ die Personalbindung, die Personalhaltung, Staff Retention, Retainment oder die Mitarbeitererhaltung von Seiten des Unternehmens untergeordnet.[369] Ferner wurde dieser Begriff „Retention Management“ eingeführt, um negative Assoziationen zu vermeiden, da „Bindung“ und „Erhaltung“ schnell mit Zwang und unfreiwilligen „Im-Betrieb-bleibe“ verbunden wird.[370]

Aufgabe des Retention-Managements ist es, qualifizierte Fach- und Führungskräfte durch Gestaltung von verschiedenen positiven Anreizen zu gewinnen und dauerhaft zu halten, um einen Wettbewerbsvorteil zu erzielen. In diesem Fall sollen nur die diejenigen Mitarbeiter dauerhaft an die Organisation gebunden werden, die auch zu Steigerung des Unternehmenswertes beitragen. Somit beschäftigt sich das Personalmanagement ständig mit der Frage, wie und welche Arbeitnehmer an das Unternehmen gehalten bzw. gebunden werden müssen, um ggf. erhebliche Wissensverluste zu vermeiden. (Vgl. Szebel-Habig, 2004, S. 46 f.)

Selbstwirksamkeit

Das Konzept der allgemeinen Selbstwirksamkeitserwartung fragt nach der persönlichen Einschätzung der eigenen Kompetenzen, allgemein mit Schwierigkeiten und Barrieren im tägli-

---

362 Vgl. Stock-Homburg, 2012, S. 19
363 Vgl. http://wiso-psychologie.uni-erlangen.de/forschung/ocb.php [Abgerufen 07.08.2013]
364 Schumacher, 2010, S. 123
365 Vgl. http://www.dict.cc/?s=retention&failed_kw=retantion [Abgerufen 07.08.2013]
366 Vgl. http://www.translate-latin.com/de/worterbuch-latein-deutsch/retentio [Abgerufen 07.08.2013]
367 Vgl. http://www.dict.cc/?s=management [Abgerufen 07.08.2013]
368 Vgl. http://www.4managers.de/management/themen/management-by/ [Abgerufen 07.08.2013]
369 Vgl. Friedli/Thom, 2003, S. 68
370 Vgl. Baschek, 2001 S. 21

chen Leben zurechtzukommen. Diese Überzeugung bezüglich der eigenen Fähigkeiten bestimmt, wie Menschen sich in einer konkreten Situation fühlen, denken, sich motivieren und auch handeln. Sie beeinflusst die Wahrnehmung und Leistung daher auf unterschiedlichste Art und Weise. Selbstwirksamkeit bezieht sich also auf die Überzeugung, dass man fähig ist, etwas zu erlernen oder eine bestimmte Aufgabe auszuführen".[371]

Zufriedenheit

Markowetz und Krüger beschreiben „Zufriedenheit" wie folgt: *„Keine Beunruhigung, kein Wunsch auf Veränderung, Erfüllung der Erwartungen."*[372] *Rosenstiel* definiert „Zufriedenheit" als emotionaler Zustand aus dem Vergleich von Erwartungen und eingetretenem Ergebnis *(Wahrnehmung)* und bezieht sich auf das Ausmaß der spezifischen Bedürfnisbefriedigung.[373]

---

[371] Vgl. http://lexikon.stangl.eu/1535/selbstwirksamkeit-selbstwirksamkeitserwartung/ [Abgerufen 17.09.2013]
[372] Vgl. Markowetz / Krüger, 2001, S. 6
[373] Vgl. Wunderlich, 2005, S. 59

Abkürzungsverzeichnis

&	und
ABB	Arbeitsbeschreibungsbogen
Abb.	Abbildung
allg.	allgemein
bspw.	beispielsweise
bzw.	Beziehungsweise
d.h.	Das heißt
DGfP	Deutsche Gesellschaft für Personalführung
et al.	und andere
etc.	etcetera
f.	Fortfolgend
Fa.	Firma
ggf.	gegebenenfalls
ggü.	gegenüber
Hr.	Herr
i.d.R.	in der Regel
i.H.v.	In Höhe von
insbes.	insbesondere
JDI	Job Description Index
Kap.	Kapitel
lat.	Lateinisch
MA	Mitarbeiter
MA-Bindung	Mitarbeiterbindung
MA-Zufriedenheit	Mitarbeiterzufriedenheit
MAB	Mitarbeiterbefragung
mind.	mindestens
o.g.	oben genannt
p	Phadkoefizient
PPP	Performance-Potenzial-Portfolio
S.	Seite
sog.	so genannte
Tab.	Tabelle
u.a.	unter anderem
UN	Unternehmen
usw.	und so weiter
Vgl.	vergleiche
z.B.	zum Beispiel

Literaturverzeichnis

Adelheid Susanne Esslinger; Martin Emmert; Oliver Schöffski (2010): Betriebliches Gesundheitsmanagement - Mit gesunden Mitarbeitern zu unternehmerischem Erfolg, 1., Aufl., Verlag: Gabler, Wiesbaden

Achenbach, Wieland (2003): Personalmanagement für Führungs- und Fachkräfte theoretische Grundlagen und Strategieentwicklung, 1., Aufl., Verlag: Dt. Univ.-Verl., Wiesbaden

Ammon, Stefanie (2006): Commitment, Leistungsmotivation, Kontrollüberzeugung und erlebter Tätigkeitsspielraum von Beschäftigten in Unternehmen und Behörden im Vergleich, 1., Aufl., Verlag: LIT Verlag, Berlin

Andrzejewski, Laurenz (2008): Trennungs-Kultur und Mitarbeiterbindung - Kündigungen fair und nachhaltig gestalten, Auflage: 3., aktualisierte und erw. Aufl., Verlag: Luchterhand, Köln

Armutat, Sascha (2003): Personalmanagement als "Professional Services" : der Professionalisierungsbeitrag der Deutschen Gesellschaft für Personalführung e.V., 1., Aufl., Verlag:Hampp, München

Baumann, Wolfgang (2010): Innovation und Internationalisierung - Festschrift für Norbert Koubek, 1,. Aufl., Verlag: Gabler, Wiesbaden

Benno Bucher; Walter Meier-Sofrian; Urban Meyer; Sandra Schlick (2003): Statistik: Grundlagen, Beispiele und Anwendungen gelöst mit Excel, 1., Aufl., Verlag: Mikro & Repro AG, Baden

Böhm, Stephan (2008): Organisationale Identifikation als Voraussetzung für eine erfolgreiche Unternehmensentwicklung, 1., Aufl., Verlag: Gabler, Wiesbaden

Bruhn, Manfred; Meffert, Heribert (2012): Handbuch Dienstleistungsmarketing: Planung - Umsetzung – Kontrolle, 1., Aufl., Verlag:Springer Gabler, Wiesbaden

Bruhn, Manfred; Stauss, Bernd (2010): Serviceorientierung im Unternehmen - Forum Dienstleistungsmanagement, Auflage: 1., Aufl, Verlag: Gabler, Wiesbaden

Carstensen, Doris (2004): Campus 2004 kommen die digitalen Medien an den Hochschulen in die Jahre?, Band 29, Verlag: Waxmann, Münster

Dehner, Klaus (2010): Die Bindungsformel: Wie Sie die Naturgesetze des gemeinsamen Handelns erfolgreich anwenden, 1., Aufl., Verlag: Gabler, Wiesbaden, Online Verfügbar unter: *http://suche.suub.uni-bremen.de/peid=B63239904&LAN=DE&CID=2993432&index=L&Hitnr=1*

Dincher, Roland; Mosters, Marcel (2011): Personalauswahl und Personalbindung- Einführung und Fallstudie zur Auswahl, Einstellung und Einarbeitung neuer Mitarbeiter, 2., überarb. und erw. Aufl., Verlag: Forschungsstelle für Betriebsführung und Personalmanagement, Neuhofen/Pf.

Drumm, Hans Jürgen (2005): Personalwirtschaft, 5., überarb. u. erw. Aufl., Verlag: Springer, Berlin, Online Verfügbar unter: *http://suche.suub.uni-bremen.de/peid=B52493938&LAN=DE&CID=2958165&index=L&Hitnr=1*

Eisenberg, Wolfgang (2007): Naturwissenschaftliche und technische Systeme im Fokus von Fremd- und Selbstorganisation, Leipziger Univ.-Verl., Leipzig

Enste, Dominik (2010): Sozialwirtschaftliche Unternehmen der Wohlfahrtspflege im Kontext staatlicher Steuerung, Wettbewerb und verbandlicher Arbeit, 1., Aufl., Verlag: Nomos, Baden-Baden

Felfe, Jörg (2008): Mitarbeiterbindung, Verlag: Hogrefe, Göttingen

Franz, Robert (2011): Auswirkungen der Mitarbeiterzufriedenheit auf die Kundenzufriedenheit im Dienstleistungssektor - theoretische Grundlagen und empirische Ergebnisse, 1., Aufl., Europäisches Hochschul-Verlag, Bremen

Fritz, Torsten (2007): Selbstmanagement in Unternehmen, Verlag: Diplomica, Hamburg

Gabor, Martin (2011): Commitment von High Potentials in Unternehmen: Mitarbeiterbindung durch immaterielle Anreizsysteme, 1., Aufl., Diplomica Verlag GmbH, Hamburg

Gabriel, Andreas (2004): Ausgestaltung einer Balanced Scorecard für Versicherungsunternehmen, Verlag: VVW, Karlsruhe

Gardini, Marco A.; Vogel, Stefan (2004): Einflussfaktoren von Mitarbeiterzufriedenheit und Mitarbeiterbindung in Professional Service Firms - eine empirische Untersuchung am Beispiel von IT-Professionals der IBM Schweiz In: Management internationaler Dienstleistungen, 1., Auflage, Gabler-Verlag, Wiesbaden

Gleich, Ronald; Bartels, Peter ; Breisig, Volker (2012): Nachhaltigkeitscontrolling: Konzepte, Instrumente und Fallbeispiele für die Umsetzung, 1., Aufl., Verlag: Haufe, Freiburg

Göbl, Martin (2003): Die Beurteilung von Dienstleistungen Grundlage für ein erfolgreiches Marketing am Beispiel Freier Berufe, 1., Aufl., Verlag: Dt. Univ.-Verl., Wiesbaden

Gottschalk, Christoph; Bedey, Björn (2004): Mobbing als mitarbeiter- und organisationsschädigendes Verhalten : Eine betriebswirtschaftliche Analyse der Ursachen und Folgen, 1., Aufl., Diplomica Verlag GmbH, Hamburg

Graf, Alexander (2007): Erfolg von Wirtschaftsverbänden - Am Beispiel der Schweiz, 1., Aufl., Verlag: Deutscher Universitäts-Verlag | GWV Fachverlage GmbH, Wiesbaden

Haberkorn, Kurt (2002): Praxis der Mitarbeiterführung ein Grundriss mit zahlreichen Checklisten zur Verbesserung des Führungsverhaltens, 10., erweiterte Aufl., Verlag: expert-Verl., Ehningen bei Böblingen

Haid, Dirk; Böhler, Heymo (2004): Corporate Entrepreneurship im strategischen Management Ansatz zur Implementierung des Unternehmertums im Unternehmen, 1., Aufl., Verlag: Dt. Univ.-Verl., Wiesbaden

Hametner, Ingrid (2011): 100 Fragen zu Palliative Care, Verlag: Kunz, Hannover

Heidbrink, Ludger; Hirsch, Alfred (2008): Verantwortung als marktwirtschaftliches Prinzip zum Verhältnis von Moral und Ökonomie, Verlag: Campus-Verl., Frankfurt/Main

Helm, Andreas(2009): Mitarbeiterführung und Kommunikation: Change Management, Commitment und Mitarbeiterbefragungen im Automobilvertrieb, 1., Aufl., Gabler Verlag, Wiesbaden

Herrmann, Andreas (2008): Handbuch Marktforschung - Methoden, Anwendungen, Praxisbeispiele, 3., vollst. überarb. und erw. Aufl., Verlag: Gabler, Wiesbaden

Homburg, Christian (2004): Perspektiven der marktorientierten Unternehmensführung - Arbeiten aus dem Institut für Marktorientierte Unternehmensführung der Universität Mannheim, 1., Auflage, Verlag: Dt.-Univ.- Verl., Wiesbaden

Hommel, Ulrich (2006): Handbuch Unternehmensrestrukturierung - Grundlagen, Konzepte, Maßnahmen, 1., Aufl., Verlag: Gabler, Wiesbaden

Hüseyin, Özdemi (2008): Fehlzeiten und Fluktuation reduzieren durch Organisationsentwicklung, SARIM Management Verlag, Erftstadt-Liblar

Institut der Deutschen Wirtschaft (2011): Fördern und Fordern: ordnungspolitische Bausteine für mehr Beschäftigung, Deutscher Instituts-Verlag, Cornell University

Jaeger, Stefan (2006): Mitarbeiterbindung - zur Relevanz der dauerhaften Bindung von Mitarbeitern in modernen Unternehmen, 1., Auflage, Verlag: VDM Verlag Dr. Müller, Saarbrücken

Jürgen Rothlauf Jürgen Rothlauffing, Dina; Loffing, Christian (2010): Mitarbeiterbindung ist lernbar - Praxiswissen für Führungskräfte in Gesundheitsfachberufen, 1., Aufl., Verlag: Springer, Berlin

Knecht, Marita; Pifko, Clarisse (2006): Psychologie am Arbeitsplatz eine praxisorientierte Darstellung mit zahlreichen Repetitionsfragen und Lösungen; ein Lehrmittel für angehende Personalfachleute und ein Leitfaden für die Praxis, 3., überarb. Aufl., Verlag: Compendio Bildungsmedien, Zürich

Knecht, Marita; Pifko, Clarisse; Züger, Rita-Maria (2011): Führung für technische Kaufleute und HWD: Grundlagen mit Beispielen, Repetitionsfragen und Antworten sowie Übungen, 3., überarbeitete Aufl., Verlag: Edubook AG, Merenschwand

Knoblauch, Jörg (2013): Die Chef-Falle : Wovor Führungskräfte sich in Acht nehmen müssen, 1., Aufl., Campus Verlag, Frankfurt am Main

Kolb, Meinulf (2010): Personalmanagement - Grundlagen und Praxis des Human Resources Managements, , 2., Aufl., Verlag: Gabler, Wiesbaden

Kropp, Waldemar (2001): Systemische Personalwirtschaft - Wege zu vernetztkooperativen Problemlösungen, 2., unwesentlich veränd. Aufl., Oldenbourg Wissenschaftsverlag GmbH, München

Kropp, Waldemar (2001): Systemische Personalwirtschaft: Wege zu vernetzt-kooperativen Problemlösungen, 2., unwesentlich veränd. Aufl., Oldenbourg Wissenschaftsverlag GmbH, München

Linde, Boris von der; Heyde, Anke von der (2007): Psychologie für Führungskräfte, 2., Aufl., Verlag: Haufe-Mediengruppe, Freiburg

Martin, Isabel (2009): Kundenbindung im beratungsintensiven Einzelhandel eine empirische Untersuchung unter besonderer Berücksichtigung von Konsumentenheterogenität, Auflage: 1., Aufl., Verlag: Gabler, Wiesbaden

Meier, Rolf (2010): Das 1x1 der Selbstmotivation: 40 Tipps für mehr Zufriedenheit und Erfolg in Beruf und Privatleben, 1., Aufl.,Gabal Verlag, Offenbach

Nerdinger, Friedemann W.; Blickle, Gerhard; Schaper, Niclas (2011): Arbeits- und Organisationspsychologie, 2., überarb. Aufl., Verlag: Springer, Berlin

Pepels, Werner; Bröckermann, Reiner (2002): Personalbindung: Wettbewerbsvorteile durch strategisches Human Resource Management, 1., Aufl., Erich Schmidt Verlag, Berlin

Pfennig, Christian (2009): Controllerzufriedenheit: Messung - Wirkungen - Determinanten, Gabler Verlag / GWV Fachverlage GmbH, 1., Aufl., Wiesbaden, Online Verfügbar unter: *http://suche.suub.uni-bremen.de/peid=B61390226&LAN=DE&CID=&index=L&Hitnr=1*

Pick, Doreén (2008): Wiederaufnahme vertraglicher Geschäftsbeziehungen eine empirische Untersuchung der Kundenperspektive, 1,. Aufl., Verlag: Gabler, Wiesbaden

Pogorzelski, Steve; Harriott, Jesse; Hardy, Doug (2009): Die Monster-Methode - die besten Mitarbeiter finden und langfristig binden, 1., Aufl., Verlag: Redline-Verl. ,München

Pöhls, Katja (2012): Lean Management in Krankenhäusern Erfolgsfaktoren für die Umsetzung, 1,. Aufl., Verlag: Gabler Verlag / Springer Fachmedien Wiesbaden GmbH, Wiesbaden, Online Verfügbar unter: *http://suche.suub.uni-bremen.de/peid=B67592242&LAN=DE&CID=&index=L&Hitnr=1*

Rechenberg, Peter (2006): Technisches Schreiben, 3., Aufl., Verlag: Hanser, München

Rosner, Lars; Müller, Thomas (2010): Gute Mitarbeiter finden, fördern, binden - Personalmarketing in der Altenhilfe, Auflage: 1., Aufl., Verlag: Vincentz Network, Hannover

Rothlauf, Jürgen (2010): Total Quality Management in Theorie und Praxis zum ganzheitlichen Unternehmensverständnis, 3., überarb. und aktualisierte Aufl., Verlag: Oldenbourg, München

Schittich, Christian (2011): Arbeitswelten: Raumkonzepte, Nutzungsstrategien, Kommunikation, Verlag: Ed. Detail, München

Schlick, Christopher M.; Bruder, Ralph; Luczak, Holger (2010): Arbeitswissenschaft, 3., vollst. überarb. und erw. Aufl., Verlag: Springer-Verlag Berlin Heidelberg, Berlin, Online Verfügbar unter: *http://suche.suub.uni-bremen.de/peid=B61846667&LAN=DE&CID=&index=L&Hitnr=1*

Schmidt, Renate (2003): Betriebswirtschaftliche Effekte familienfreundlicher Maßnahmen - Kosten-Nutzen-Analyse, Verlag: Druck Vogt GmbH, Berlin

Schröder, Kirsten A. (2003): Mitarbeiterorientierte Gestaltung des unternehmensinternen Wissenstransfers: Identifikation von Einflussfaktoren am Beispiel von Projektteams,1., Aufl., Dt. Univ.-Verl., Wiesbaden

Schuhmacher, Florian; Geschwill, Roland (2009): Employer Branding - Human Resources Management für die Unternehmensführung, 1., Aufl., Verlag: Gabler, Wiesbaden

Schuler, Helga; Johanna Pabst (2000): Personalentwicklung im Call Center der Zukunft-Fluktuation verhindern, Mitarbeiter langfristig binden, 2., überarbeitete Auflage, Verlag: Luchterhand, Neuwied

Schülke, Jörg (2012): Mitarbeiter-Zufriedenheit und Kunden-Zufriedenheit - Wirtschaftspsychologie und Organisationserfolg zwei Seiten ein und derselben Medaille? , 1., Aufl., Verlag: Pabst Science Publ., Lengerich/Westf./Stuttgart

Schütz, Julia (2009): Pädagogische Berufsarbeit und Zufriedenheit eine bildungsbereichsübergreifende Studie, Verlag: Bertelsmann, Bielefeld

Stock-Homburg, Ruth (2012): Der Zusammenhang zwischen Mitarbeiterzufriedenheit und Kundenzufriedenheit – Direkte, indirekte und moderierende Effekte, 5., Aufl., Gabler-Verlag, Wiesbaden

Süß, Kathrin (2009): Personalpolitik in Indien Strategien zur erfolgreichen Personalpolitik aus deutscher Sicht, 1., Aufl., Verlag: Igel-Verl., Hamburg

Szebel-Habig, Astrid (2004): Mitarbeiterbindung: Auslaufmodell Loyalität? – Mitarbeiter als Strateisches Erfolgsfaktor, 1., Auflage, Verlag: Beltz, Weinheim

Thiele, Sabrina (2011): Work-Life-Balance zur Mitarbeiterbindung : Eine Strategie gegen den Fachkräftemangel, 1,. Aufl., Diplomica Verlag GmbH, Hamburg

Töpfer, Armin (2008): Mitarbeiterzufriedenheit - eine Wechselwirkung?; ein Erfahrungsbericht der Globus Holding, 3., Aufl., Gabler-Verlag, Berlin

Trotha, Kirstinon (2008): Arbeitszeitmodelle im ärztlichen Dienst Auswirkungen auf die Mitarbeiterzufriedenheit und die Hospital Performance Outcomes 1., Aufl., Verlag: Gabler, Wiesbaden

Vogt, Carsten Hendrik (2007): Erfolg strategischer F&E-Kooperationen eine empirische Untersuchung mittels Patentdaten am Beispiel der Biopharmazie, 1., Aufl., Verlag: Dt. Univ.-Verl., Wiesbaden

Vom Hofe, Anja (2005): Strategien und Massnahmen für ein erfolgreiches Management der Mitarbeiterbindung, 1., Aufl., Verlag: Kovač, Hamburg

Weber, Manfred (2006): Schnelleinstieg Kennzahlen - Schritt für Schritt zu den wichtigsten Kennzahlen, Verlag: Haufe, Freiburg

Wiendieck, Gerd (1994): Wertewandel und Organisationsgestaltung. In: R. Dahlems (Hrsg.), Handbuch des Führungskräfte-Managements, München

Winfried, Gertz (2004): Mitarbeiterbindung Talente halten, Loyalität erhöhen, Fluktuation verringern, Verlag: Management-und-Karriere-Verl., Düsseldorf

Winter, Stefanie (2005): Mitarbeiterzufriedenheit und Kundenzufriedenheit: eine mehrebenenanalytische Untersuchung der Zusammenhänge auf Basis multidimensionaler Zufriedenheitsmessung, Mannheim, Univ., Diss, Online Verfügbar unter: *http://suche.suub.uni-bremen.de/peid=B50632775&LAN=DE&CID=2946921&index=L&Hitnr=1*

Wolf, Gunther (2013): Mitarbeiterbindung - Strategie und Umsetzung im Unternehmen, 1., Aufl., Verlag: Haufe-Lexware, Freiburg

Wolff, Birgitta; Stock-Homburg, Ruth (2011): Handbuch Strategisches Personalmanagement, 2., Aufl., Verlag: Gabler, Wiesbaden

Wunderer, Rolf (2009): Führung und Zusammenarbeit - eine unternehmerische Führungslehre, 8., aktualisierte und erw. Aufl., Verlag: Luchterhand, Köln

Wunderlich, Maren (2005): Integriertes Zufriedenheitsmanagement in Franchisingnetzwerken theoretische Fundierung und empirische Analyse, 1., Aufl., Verlag: Dt. Univ.-Verl., Wiesbaden

Zimmerli, Walther Ch.; Beck, Ulrich (2006): Spurwechsel: Wirtschaft weiter denken, 1,. Aufl., Verlag: Murmann, Hamburg

Zimmerli, Walther Ch.; Beck, Ulrich (2006): Spurwechsel: Wirtschaft weiter denken, 1,. Aufl., Verlag: Murmann, Hamburg

Internetlinks

4managers: http://www.4managers.de/management/themen/management-by/ [Abgerufen 07.08.2013]

Antenne-Bayern: Wachstumskurs des Chemiekonzerns BASF http://www.antenne.de/BASF-will-Standort-Ludwigshafen-weiter-staerken__aktionen_468487_radio.html [Abgerufen 17.09.2013]

Baby Boomers Generation: Sorgen Sie für eine emotionale Mitarbeiterbindung http://www.business-netz.com/Mitarbeiterfuehrung/Baby-Boomers-Generation-Stellen-Sie-eine-emotionale-Mitarbeiterbindung-her [Abgerufen 01.12.2013]

Beck-Block die Experten: Innere Kündigung bedroht Innovationsfähigkeit deutscher Unternehmen xaretos Unternehmungsberatung: Innere Kündigung - Trennung ohne Kündigungsfrist http://www.xaretos.com/blog-details/items/innere-kuendigung-trennung-ohne-kuendigungsfrist.html [Abgerufen 01.12.2013]

Begriffserklärung des Pfadkoeffizienten http://www.hf.uni-koeln.de/data/eso/File/seibel/Meth10.pdf [Abgerufen 08.08.2013]

CIO: Unternehmenskultur macht den Unterschied http://www.cio.de/it_berater/nachrichten/857059/ [Abgerufen 17.09.2013]

DIE WELT: Kampf gegen den Ingenieur-Mangel zahlt sich aus http://www.welt.de/wirtschaft/article115148933/Kampf-gegen-den-Ingenieur-Mangel-zahlt-sich-aus.html [Abgerufen 20.10.2013]

DORSCH-Lexikon der Psychologie zum Thema – Commitment http://portal.hogrefe.com/dorsch/commitment/ [Abgerufen 25.09.2013]

Emotionale Bindung von Mitarbeitern und Innovationskraft http://www.robertfreund.de/blog/category/multiple-intelligenzen/ [Abgerufen 01.12.2013]

ENZYKLO Potential-Performance-Portfolio http://www.enzyklo.de/Begriff/Potential-Performance-Portfolio [Abgerufen 27.09.2013]

Fachkräftemangel bedroht Wettbewerbsfähigkeit der deutschen Wirtschaft http://www.bpb.de/apuz/28210/fachkraeftemangel-bedroht-wettbewerbsfaehigkeit-der-deutschen-wirtschaft?p=all [Abgerufen 08.08.2013]

Freiwilliges Engagement http://www.integration-in-bonn.de/aktiv-und-engagiert/freiwilliges-engagement.html [Abgerufen 18.08.2013]

GABLER WIRTSCHAFTSLEXIKON - Das Wissen der Experten: http://wirtschaftslexikon.gabler.de/Definition/involvement.html [Abgerufen 06.08.2013]

GABLER WIRTSCHAFTSLEXIKON – Management by Objektives http://wirtschaftslexikon.gabler.de/Definition/management-by-objectives.html [Abgerufen 17.09.2013]

GABLER WIRTSCHAFTSLEXIKON – Unternehmenskultur http://wirtschaftslexikon.gabler.de/Definition/unternehmenskultur.html#erklaerung [Abgerufen 17.09.2013]

Gallup Studie 2012: Neue Verkaufsargumente für Weiterbildung http://www.managerseminare.de/blog/gallup-studie-2012-neue-verkaufsargumente-fuer-weiterbildung/2013/03 [Abgerufen 01.12.2013]

Gallup-Studie 2012: Jeder vierte Arbeitnehmer hat innerlich gekündigt http://www.download.ff-akademie.com/Gallup-Studie.pdf [Abgerufen 01.12.2013]

HR-Plus Mitarbeiterbindung http://www.hrpuls.de/mitarbeiterbindung.html [Abgerufen 02.10.2013]

Human-Resources-Manager: Wider die schamanistische Personalentwicklung http://www.humanresourcesmanager.de/ressorts/artikel/wider-die-schamanistische-personalentwicklung [Abgerufen 08.09.2013]

Latein Wörterbuch: http://www.frag-caesar.de/lateinwoerterbuch/fluctuare-uebersetzung-1.html [Abgerufen 08.08.2013]

Lehrstuhl für Psychologie - insbes. Wirtschafts- und Sozialpsychologie: http://wiso-psychologie.uni-erlangen.de/forschung/ocb.php [Abgerufen 07.08.2013]

Lexikon online für Psychologie und Pädagogik – Selbstwirksamkeit- http://lexikon.stangl.eu/1535/selbstwirksamkeit-selbstwirksamkeitserwartung/ [Abgerufen 17.09.2013]

Mitarbeiter-Befragung - vbw - BayME – VBM http://www.m-ez.de/mez/DOWNLOAD/Downloads_Handlungsfelder_der_Personalpolitik/3-4-5_H-Empfehlung%20Mitarbeiterbefragung.pdf [Abgerufen 15.08.2013]

Mitarbeiter-Befragung – Hilde Utzemann http://www.hildeutzmann.de/mitarbeiterbefragung.pdf [Abgerufen 15.08.2013]

Mitarbeiter: Frust nimmt zu http://www.handwerk-magazin.de/frust-nimmt-zu/150/4/201326 [Abgerufen 01.12.2013]

Mitarbeiterbefragung http://www.arbeitsratgeber.com/mitarbeiterbefragung_0139.html [Abgerufen 24.08.2013]

Mitarbeiterbefragungen sind kein technisches Messinstrument ***von Oliver Rüth*** http://208.254.39.65/haygroupgmbh/e_article000653709.cfm [Abgerufen 15.08.2013]

MITARBEITERBINDUNG Mitarbeiter binden - Fluktuation senken http://mitarbeiterbindung.info/mitarbeiter-halten/ [Abgerufen 30.09.2013]

Mitarbeiterbindung und Mitarbeiter-Portfolio http://www.sabine-heins.de/user_files/datei_1353739373_15795.pdf [Abgerufen 28.09.2013]

MITARBEITERBINDUNG: Mitarbeiter binden · Fluktuation senken http://mitarbeiterbindung.info/mitarbeiterbindung-index/ [Abgerufen 01.12.2013]

Mitarbeiterbindung: Personalkosten gering halten trotz Fachkräftemangel http://mitarbeiterbindung.blogspot.de/2012/06/personalkosten-gering-halten-trotz.html [Abgerufen 01.12.2013]

Mitarbeiterloyalität - Wie sie Unternehmen erfolgreich macht: http://www.unternehmer.de/management-people-skills/287-mitarbeiterloyalitaet-wie-man-sie-erhaelt-und-wie-sie-unternehmen-erfolgreich-macht-teil-1 [Abgerufen 08.08.2013]

MONSTER Personalmanagement http://arbeitgeber.monster.de/hr/personal-tipps/personalmanagement/personalfuhrung-entwicklung/personalportfolio-80716.aspx [Abgerufen 30.09.2013]

Munich RE Vergütung - fair und leistungsgerecht http://www.munichre.com/corporate responsibility/de/management/employees/remuneration/default.aspx [Abgerufen 17.09.2013]

Rechnungswesen Verstehen - Wirtschaft - Controlling – Finanzen: http://www.rechnungswesen-verstehen.de/bwl-vwl/bwl/effektivitaet-und-effizienz.php [Abgerufen 07.08.2013]

Risk.Ant: aktuelle Situation zum Thema „Mitarbeiterbindung" http://riskant.younect.de/Hintergrundinformationen [Abgerufen 08.08.2013]

Tagesspiegel Wirtschaft: Motivation ist Chefsache http://www.tagesspiegel.de/wirtschaft/motivation-ist-chefsache/8060044.html [Abgerufen 01.12.2013]

Textil-Wirtschaft: Arbeitsmarkt http://www.textilwirtschaft.de/suche/show.php?ids%5B%5D=842474 [Abgerufen 04.08.2013]

Vereinbarkeit von Familie und Beruf http://www.caritas.de/magazin/kampagne/solidaritaetsinitiative/vereinbarkeitvonfamilieundberuf [Abgerufen 03.12.2013]

Wirtschaftslexikon24: http://www.wirtschaftslexikon24.com/d/effizienz-effektivitaet/effizienz-effektivitaet.htm [Abgerufen 07.08.2013]

WOLF Managementberatung http://www.brainguide.de/upload/publication/e9/nrow/e85e0894f610eb831dc259a6b2faf0f8_1311535610.pdf [Abgerufen 30.09.2013]

WOLF Mitarbeiterbindung - Financial Times Deutschland http://gunther-wolf.de/mitarbeiterbindung-financial-times-deutschland/ [Abgerufen 30.09.2013]

Zusatzleistungen des Arbeitgebers für Mitarbeiter http://www.steuerberatung-hst.de/steuern-formulare/formulare-pdf/Zusatzleistungen-Arbeitgeber-2012.pdf [Abgerufen 17.09.2013]

ZEIT ONLINE: Deutschlands kranke Seele http://www.humanresourcesmanager.de/comment/93 [Abgerufen 01.12.2013]

Printed in Poland
by Amazon Fulfillment
Poland Sp. z o.o., Wrocław

47760485R00058